PADRES de HIJOS GAY

Dan Owens-Reid • Kristin Russo

PADRES de **HIJOS GAY**

**Un libro de preguntas
y respuestas para
la vida diaria**

Prefacio de Linda Stone Fish

OCEANO

PADRES DE HIJOS GAY
Un libro de preguntas y respuestas para la vida diaria

Título original: THIS IS A BOOK FOR PARENTS OF GAY KIDS.
A Question & Answer Guide to Everyday Life

© 2014, Dannielle Owens-Reid, Kristin Russo

Publicado originalmente por Chronicle Books LLC, San Francisco, California.

Traducción: Aridela Trejo

Diseño de portada: Departamento de arte de Océano

D. R. © 2023, Editorial Océano de México, S.A. de C.V.
Guillermo Barroso 17-5, Col. Industrial Las Armas
Tlalnepantla de Baz, 54080, Estado de México
info@oceano.com.mx

Primera edición: 2023

ISBN: 978-607-557-682-4

Impreso en México / Printed in Mexico

Para Sophia y su mamá, Carol

Índice

CAPÍTULO 8: BRINDAR APOYO   **163**

¿QUÉ SIGUE?   **185**

Prefacio

A principios de la década de 1980, cuando estudiaba mi doctorado en terapia de parejas y familiar me embaracé de mi primer hijo, lo que supuso una dicha y desafío al mismo tiempo. Prestigiosos académicos en mi campo me dieron consejos bienintencionados pero, por desgracia, no me ayudaron a conceptualizar el panorama de la crianza. Un profesor predijo: "La mitad del tiempo estarás exultante y la otra, sufrirás". Me habría gustado que me hubiera dicho: "Deja que tus hijos te enseñen quiénes son, aprende de ellos y deja que te inviten a descubrirlo juntos".

Como terapeuta familiar y académica, mi trabajo es ayudar a los padres a que sus familias hagan frente con éxito las innumerables crisis, traumas y obstáculos de la vida. Desde que publiqué el libro *Nurturing Queer Youth: Family Therapy Transformed* [Creando un ambiente propicio para la juventud queer: la terapia familiar transformada], he viajado por Estados Unidos y he conocido a profesionales y familias que están experimentando el proceso de salida del clóset. Innumerables padres me han preguntado: "¿Qué libro me recomiendas?".

Mis dos libros favoritos sobre la crianza son *The Evolving Self* (Kegan, 1982) [El yo en evolución] y *Far from the Tree* (Solomon, 2012) [Lejos del árbol], los cuales se leen más como tesis que libros de autoayuda. Así que, desgraciadamente, nunca les pude sugerir nada. Hasta ahora que, con mucho entusiasmo, puedo recomendarles este libro para *Padres de hijos gay*.

Investigadores y profesionales de la salud saben que la salida del clóset con los padres es uno de los sucesos más importantes en la formación de la identidad gay. Cuando los niños desafían las percepciones más esenciales que sus padres tienen de ellos, puede ser un momento confuso para la familia. Los autores de este libro guían a los padres, a lo largo de un suceso que puede presentar desafíos emocionales y cambiar la vida, de una manera constructiva que destaca el desarrollo tanto de los niños como de los padres.

Ésta es una guía sensible y sabia. Se trata de una enciclopedia completa, honesta y sensible sobre este proceso de descubrimiento. A partir de las experiencias de distintas familias, los autores le recuerdan al lector que las reacciones iniciales suscitarán respuestas distintas, y siempre cambiantes. Animan a los padres a crear un colchón para que los niños aterricen, e incluyen resúmenes muy útiles al final de cada capítulo para sintetizar las lecciones importantes.

De hecho, recomendaría este libro como manual básico para todos los padres de adolescentes y jóvenes adultos. Alerta de *spoilers*: al final, Owens-Reid y Russo comparten tres ingredientes esenciales de la buena crianza: diálogo, paciencia y reflexión. Con este libro, los autores han logrado dar consejos útiles que iluminan el paisaje en desarrollo de la crianza y ayudan a las familias a negociar con éxito la salida del clóset.

LINDA STONE FISH,
maestra en Trabajo Social y doctora
en Terapia de Parejas y Familiar

Introducción

En 2010 éramos sólo dos personas conocidas con algunos amigos en común. Dan estaba a punto de mudarse de Chicago a Nueva York y recién había creado la página cómica: *Lesbianas que se parecen a Justin Bieber*. De casualidad, le había mencionado a Kristin que algunas personas se quejaban de que su página estereotipaba a las lesbianas y se burlaba de la comunidad gay. Para Dan, los comentarios malinterpretaban su intención y Kristin estaba de acuerdo. En ese entonces, Kristin estaba terminando de estudiar una maestría en estudios de género, así que estaba más que dispuesta a debatir estos temas. Entonces decidimos crear una página para abordar esos comentarios negativos, responder las preguntas de la comunidad y, al mismo tiempo, continuar con lo que nos encantaba: hacer reír a la gente. Le pusimos *Everyone Is Gay* (Todos son gay). Entonces, no teníamos idea de que estábamos dando los primeros pasos para crear una organización cuyo objetivo es ayudar a la juventud lesbica, gay, bisexual, transgénero y queer (LGBTQ).

Resultó que a la juventud LGBTQ de todo el mundo le urgía tener un lugar para plantear sus dudas. Tenían muchas preguntas y muchas cosas de las que querían hablar, pero no existía un lugar en el que pudieran expresarlo. Nuestra página también aceptaba consultas anónimas, lo cual brindó un lugar seguro para que los jóvenes preguntaran lo que les interesaba, sin preocuparse por el qué dirán. Muchos chicos y chicas sentían que no podían sincerarse con sus consejeros, padres, hermanos o amigos, sin padecer las consecuencias: ser juzgados o recibir miradas incómodas. Everyone Is Gay se convirtió en ese espacio, ofrecía consejos prácticos y alentadores a la gente cuando más lo necesitaba.

Muy pronto empezamos a recibir preguntas, ideas y comentarios, no sólo de los chicos y las chicas, también de sus padres, maestros, miembros de su comunidad, tías, novios y mucha gente más. Empezamos a publicar las respuestas a las preguntas que nos hacían los lectores cada día de la semana y, después de un par de meses, incorporamos un video. A medida que el sitio fue creciendo, nos dimos cuenta de que había innumerables individuos que necesitaban desesperadamente un recurso acogedor, sin juicios, para responder a sus preguntas y compartir sus historias.

Hoy, millones de personas han explorado nuestra página y hemos recibido más de cincuenta mil preguntas, desde las más prácticas hasta las más emotivas. Hemos dado orientación sobre muchísimos temas, desde qué hacer cuando te enamoras de tu mejor amigo hasta cómo salir del clóset si tu familia es religiosa. Poco tiempo después de empezar la página, decidimos viajar con nuestros mensajes y empezamos a visitar escuelas secundarias, preparatorias y universidades para promover la igualdad, siempre con sentido del humor. Ese cambio fue monumental y, por fin, pudimos conocer a muchísimas personas que habían sido caras anónimas en internet. Los chicos y las chicas nos contaron que les habíamos ayudado a fomentar una primera, segunda o tercera conversación con sus padres. Veían nuestros videos semanales con sus familias para platicar con más soltura de temas que antes no habían podido compartir. La presencia de Everyone Is Gay les había dado el valor que necesitaban para ser ellos y para compartirlo con sus familias.

Conectar de forma directa con la juventud LGBTQ en todo el mundo nos ha dado una perspectiva única sobre las dificultades que enfrentan los chicos y las chicas hoy en día. Tenemos nuestras propias historias de cómo salimos del clóset con nuestras familias (que compartimos en las siguientes páginas), pero lo que nos permitió escribir este libro fue la experiencia de estar en contacto con la juventud actual durante tantos años. Hemos visto cómo miles de chicos y chicas luchan por encontrar el modo de hablar con sus padres sobre su sexualidad; por otro lado, sabemos que hay miles de padres que no tienen idea de cómo es ese proceso. Aunque aún no tenemos hijos, hemos hablado con muchas familias (incluidas las nuestras) y hemos percibido que la experiencia de salir del clóset puede ser igual de difícil para los padres que para los chicos y las chicas. Quizá no lo esperabas, quizás estás en conflicto con tus creencias personales, tal vez te preocupe el futuro de tu hijo o hija, o tal vez necesites orientación para seguir adelante, informado y con actitud positiva. También es probable que, sobre todo en las primeras etapas de la salida del clóset, tu hijo o hija no querrá o podrá responder todas las preguntas que le formules. Estamos aquí para ayudarte a superar esa brecha.

Este libro abordará muchas de tus preocupaciones, como el proceso inicial de salida del clóset, cómo reconciliar la sexualidad de tu hijo o hija con tus creencias religiosas o qué hacer con las pijamadas. También leerás los testimonios de otros padres, madres, chicos y chicas que han vivido este proceso y que comparten sus experiencias: lo que les ha funcionado y lo que no. Como el libro posee un formato de preguntas y respuestas, será muy fácil encontrar los temas más relevantes en cualquier momento dado. No hace falta que leas este libro de principio a fin (aunque puedes hacerlo, si quieres); lo puedes consultar a medida que se vaya desarrollando tu experiencia con tu hijo o hija. Hoy estás buscando respuestas que serán muy diferentes de aquellas que te harás dentro de un año. Y todo es parte del proceso. Al final de cada capítulo incluimos puntos clave ("En resumen"), así que hay muchas formas de digerir esta información, según tu experiencia personal e intereses.

Si bien nuestro consejo se basa en las conversaciones que hemos tenido con muchísimos padres y sus hijos, es imposible representar la experiencia de cada familia individual. Tal vez descubras que en ciertas situaciones nuestro consejo te ayuda muchísimo, pero en otras, no tanto. No pasa nada. La intención de este libro es abordar algunas de las primeras preguntas que surjan, y ayudarte a iniciar (y continuar) un diálogo con tu hijo o hija, familiares y otros seres queridos. Te animamos a utilizar este libro como un escalón para seguir explorando a profundidad este proceso con tu hijo o hija. Al final incluimos una extensa sección de recursos para ayudarte a continuar con tu propio camino.

Hay muchos padres que quieren entender y apoyar a sus hijos tanto como sea posible. Por el simple hecho de elegir este libro, queda claro que eres uno de ellos. Esperamos contribuir a que te sientas más cómodo para propiciar la conversación y construir una relación honesta y sólida. Escribimos este libro para ayudarte a comunicarte con tu hijo o hija sobre su sexualidad, para brindar respuestas a las múltiples preguntas que surgen después de que sale del clóset (incluso años después) y para darte información sobre lo que suele ocurrir del otro lado de la moneda, es decir, desde su experiencia. Para ayudarte a entender nuestras perspectivas personales te compartimos cómo fue salir del clóset con nuestros respectivos padres.

▶ ASÍ SALIÓ KRISTIN DEL CLÓSET

Puré de papa, relleno dulce y un pavo rebosante son los indicadores de la celebración estadunidense conocida como Día de Acción de Gracias. A menos, claro, que hubieras estado en mi casa el 26 de noviembre de 1998. Si es así, entonces también habrías encontrado a una mamá ligeramente alegre por el vino; a un papá sonriente contando anécdotas, a una hermana menor y preadolescente taciturna; y a mí, de diecisiete años, vestida de pies a cabeza en ropa de segunda mano del Ejército de Salvación, y a punto de contarles a mis padres que era gay.

Pero primero, te doy un poco de contexto. Hasta la prepa me identificaba como heterosexual, aunque tenía amigas muy cercanas y adoraba a Liv Tyler. Sin embargo, mi mamá, siempre observadora, me había preguntado en múltiples ocasiones si era lesbiana. Siempre respondía igual: "¡No, mamá! Relájate y deja de preguntar". Hasta que en el otoño de 1997 conocí a una chica. Nos hicimos amigas, pasamos mucho tiempo juntas, nos besamos. Nos gustó besarnos. Hicimos otras cosas. Esto ocurrió un par de veces y después *pasó*. Dios-mío-tengo-un-nudo-en-el-estómago-y-el-corazón-en-la-garganta. Me gustaba esa chica.

Además de que entré en pánico porque me di cuenta de que era gay, estaba horrorizada de que mi mamá tuviera razón. Como todos sabemos, entre los once y los veinticuatro años darles la razón a tus padres es prácticamente imposible. En el curso de casi un año, no compartí las noticias de mi homosexualidad con nadie más que con mis amigas más cercanas, lo que me trae de nuevo al Día de Acción de Gracias.

Cuando mi hermana se levantó de la mesa, me quejé sobre una traducción espantosa de la Biblia que me había regalado un familiar. Dije algo más o menos así: "Dan a entender que Dios odia a los gay, pero es una mierda". Mi mamá levantó la mirada de su plato, con expresión preocupada por mi tono, y preguntó por centésima vez: "Kristin, ¿quieres contarnos algo?". Y pasó así nada más... Apreté las manos, reuní todo el valor que se puede tener en la adolescencia y respondí: "Sí, les quiero contar que soy gay".

Silencio.

Lo primero que mis padres me dijeron y lo que siempre recordaré fue que era su hija y que siempre me adorarían. Por eso estuve (y sigo estando) muy agradecida. Sin embargo, después de esta primera reacción, mi mamá empezó lo que sería una trayectoria larguísima para reconciliar el amor que le tenía a su hija con sus arraigadas creencias religiosas. Los primeros años fueron muy difíciles. Mi mamá y yo peleábamos mucho. Ella lloraba mucho y yo gritaba más. Pero durante esa época nunca nos dejamos de querer. Con el tiempo los gritos disminuyeron y se convirtieron en un diálogo. Mi madre se permitió conocer a mi novia. Nuestras conversaciones mejoraron y me empezó a hacer preguntas. Poco a poco, mi mamá empezó a invitar a mis novias a cenar, y ambas llegamos a un acuerdo, a pesar de nuestras diferencias ideológicas.

Salir del clóset no se limita a un momento en la mesa durante la cena de Acción de Gracias. Es un proceso que exige paciencia, comprensión y compasión. Y es diferente para todos. Lo que podemos hacer es compartir lo que nos haga sentir cómodos y trabajar para aceptar quiénes somos, tengamos o no el apoyo y la comprensión de nuestro entorno.

Le conté a mi mamá que era gay un día que estábamos confeccionando joyas en la sala. Tenía diecinueve años, me llamaba Danielle y estábamos sentadas en el piso ensartando unas piedras verdes muy raras en una especie de sedal. "Ma, te tengo que contarte algo... estoy saliendo con alguien... es una chica". Respondió de inmediato, a gritos: "Está bien. ¡Ellen DeGeneres es gay y la amo!". No respondió mucho más. Me preguntó algunas cosas sobre la chica con la que estaba saliendo y me sugirió que le hiciéramos un collar.

Creo que después de contarles a nuestros padres que somos gay muchos nos sentimos muy aliviados. Por un segundo sentí que eso había sido todo y que nunca lo tendría que hacer otra vez. ¡Cuánto me equivoqué! Ni siquiera pasaron dos días cuando mi mamá me llamó llorando para rogarme que no me cortara el pelo o me empezara a vestir con ropa deportiva. Tal vez a otros les hubiera ofendido su ignorancia, pero a mí me asustó. Intenté explicarle que no pensaba cambiar nada de mí o mi estilo de vida. Pero fue difícil porque sólo tenía diecinueve, y no tenía idea de quién sería en el futuro.

Pasaron varios años para que mi mamá dejara de pedirme que me pusiera vestidos y dejara de preguntarme si esto terminaría algún día. Me preguntó por qué no quería casarme, lo cual me confundió porque sí me quería casar, sólo que no con un hombre (creo que para ella eso no contaba). Quería saber por qué no quería tener hijos (sí quería). Quería saber por qué no quería tener "una vida normal". Todas sus preguntas me confundían, me hacían sentir muy mal, perdida y dolida. Me hizo pensar: "Tiene razón. ¿Qué me pasa? ¿Por qué no quiero ser normal y feliz? ¿Por qué estoy complicándome las cosas?".

En parte, esta experiencia explica por qué quise escribir este libro. Me preguntaba si las cosas hubieran sido distintas si mi mamá hubiera sabido el efecto que tendrían sus palabras. Tal vez ella no sabía cómo me sentía cada vez que me preguntaba: "¿Por qué no quieres tener familia?". Tal vez un libro como éste nos hubiera ayudado a comunicarnos mejor, aunque fuera un poco. Tal vez hoy seríamos más cercanas.

Con el tiempo, con la ayuda de mis amigos y mi demás familia, me di cuenta de que las opiniones de mi mamá eran suyas, que no reflejaban mi realidad y que podía ser feliz como era, como soy. Tuve que emprender mi propio viaje para descubrir quién era y quién quería ser el resto de mi vida, pero sé que habría sido un camino más rápido y fácil si mi mamá hubiera tenido las herramientas para hablar adecuadamente conmigo.

A PROPÓSITO DE CÓMO USAMOS LA PALABRA GAY

Las identidades son complejas y las palabras que usamos para describirlas son particularmente delicadas.

Hay un sinfín de maneras para referirnos a quienes somos, nuestras identidades y sexualidades. Hay individuos que se identifican como gay, lesbianas, bisexuales, pansexuales, asexuales, y la lista sigue. En lo que se refiere al género, hay personas que se identifican como transgénero, queergénero, género fluido y la lista continúa (definimos muchos de estos conceptos en el glosario (página 187). Cuando nos dispusimos a escribir un libro para padres cuyos hijos o hijas salieron del clóset con uno de estos cambios de identidades, tuvimos que tomar un par de decisiones difíciles. Al principio nos preguntamos si debíamos incluir todas estas categorías identitarias a lo largo del texto (e inevitablemente fracasar). Sabíamos que las experiencias de los chicos y las chicas que se cuestionan su sexualidad y quienes cuestionan su identidad de género a veces se superponen y otras son absolutamente distintas, por lo que sería imposible incluir información pertinente para *todas* las identidades en *todas* nuestras respuestas. Aunque algunas preguntas (como "¿Siempre verán distinto a mi hijo o hija?") abordan un rango amplio de experiencias, otras (como "Creo que el matrimonio debería estar reservado para un hombre y una mujer") eran mucho más específicas.

Por lo tanto, decidimos reducir nuestro enfoque para abordar la sexualidad. Nota: primero que nada, este libro es para padres cuyos hijos o hijas se están cuestionando su propia sexualidad o salieron del clóset pues se identifican como gays, lesbianas, bisexuales, pansexuales y cualquier otra de la infinidad de palabras que representan la identidad sexual. Sin embargo (otra nota), hemos pasado muchos años en compañía de la juventud LGBTQ (tanto ahora como cuando nosotras *éramos* jóvenes), por lo que somos muy conscientes de las complejidades de la sexualidad y la identidad de género. Nuestro capítulo sobre el género toca la superficie de lo que significa cuestionar el género propio y lo que implica ser padre de una chico o chica que lo está experimentando. Alentamos a todos a que lean el capítulo 7, sin importar cómo se identifiquen sus hijas o hijos. Todos tenemos una relación con el género, y estas preocupaciones son sumamente relevantes, incluso si no afectan a tu hijo o hija de manera directa. Si tu hijo o hija *sí* está cuestionando su género, este capítulo debería darte la información esencial para entender mejor qué significa, pero te animamos a que busques más recursos que se centren en esta experiencia de forma más específica. También recomendamos que leas más allá del capítulo sobre el género, porque muchas de las preguntas y respuestas de las páginas subsecuentes abordan experiencias más allá de la sexualidad.

Después de decidir que, en esencia, el libro abordaría la sexualidad, nos quedamos con la interrogante de las palabras. Las categorías identitarias y las palabras que se emplean para describirlas son muy específicas de la persona que elige usarlas. El significado que le da una persona a la palabra *lesbiana* para referirse a ella misma puede ser muy diferente del que le da otra. Algunos, sobre todo las generaciones más jóvenes, están usando la palabra *queer* como término general que abarca cualquier divergencia de la heterosexualidad o la identidad *cisgénero* (es decir, que se identifica con el género que se le asignó cuando nació). Sin embargo, para muchos individuos, sobre todo las generaciones mayores, la palabra *queer* es un insulto o resulta despectiva. Como ya comentamos, las palabras son particularmente delicadas. Elegimos la palabra *gay* en buena parte del libro como la representación de una sola palabra, pero de muchas identidades sexuales distintas que tu hijo o hija (o cualquiera) puede utilizar para describirse.

Capítulo 1: Salir del clóset

Las chicas y los chicos salen del clóset con sus familias de muchas formas: a la hora de la comida, en una carta, con un mensaje de texto o con una canción que compusieron con su ukulele. Algunas veces salen del clóset por accidente; otras, lo planean y piensan durante meses, incluso años. Algunas empiezan con lágrimas y terminan con risas (o más lágrimas); otras asintiendo con la cabeza, en complicidad y con un abrazo de oso. Las familias varían muchísimo, no hay una sola experiencia que puedas esperar cuando tu hijo o hija sale del clóset. No obstante, lo que todas las salidas del clóset comparten es que no se limitan a un solo momento. Sí, hay una primera declaración: "Mamá, soy gay"; o por primera vez, sin querer, escuchas a tu hijo diciéndole a su novio que tiene una sonrisa divina. Pero salir del clóset es un proceso mucho más complejo para ti y para tu hijo o hija, y empieza en ese primer momento.

Saber que se trata de un proceso debería aliviar un poco la presión que puedes estar experimentando como padre para hacer todo perfecto en esos primeros momentos. Si tu hijo o hija ya salió del clóset contigo o si sospechas que va a hacerlo en los próximos meses o años, recuerda que no se espera que lo sepas todo. La salida del clóset debería ser una increíble experiencia de aprendizaje, tanto para ti como para tu hijo o hija. Ten paciencia cuando las cosas no salgan tal como las imaginaste. ¡Estás en un territorio inexplorado!

P: "Mi hijo o hija acaba de salir del clóset conmigo y no sé cómo hablarle al respecto. ¡Ayuda!

Pocos días después de salir del clóset, mi papá me dijo: "Oye, Gwen Stefani es muy guapa, ¿verdad?". Mi respuesta inmediata fue ponerme color betabel, pedir que me tragara la tierra y esconderme debajo de la alfombra para nunca tener que ver o hablar con nadie, jamás. A esas alturas del partido no estaba lista para hablar con mi papá sobre chicas guapas, para nada, y fue muy incómodo. Pero cuando pasó un poco más de tiempo y me sentí más cómoda, ese diálogo adquirió un significado distinto. Me di cuenta de que mi papá había intentado conectar conmigo, y también me dio mucha risa que eligiera un comentario sobre una cantante de pop como una vía para establecer un vínculo afectivo entre padre e hija. Hoy, cada que puedo, bromeo con mi papá sobre ese momento y le he contado esa historia a muchísimas personas que entran en pánico ante la idea de salir del clóset con sus padres.

—Kristin

R: Lo primero: la confusión es completamente normal. No sólo se trata de un proceso para tu hijo, también lo es para ti. De pronto te vas a enfrentar a preguntas que hasta este momento no se te habían ocurrido. ¿Cómo será tener un hijo gay? ¿Será feliz? ¿Qué van a decir *tus* padres? ¿Significa que no vas a tener nietos? En los capítulos 2, 3 y 4 aclaramos estas preguntas a fondo. Igual que con otro tipo de cambio o crecimiento, sin importar lo preparado que estés, se van a suscitar momentos incómodos y raros. Criar a cualquier adolescente implica hacerle frente a muchas cuestiones y es complicado hacerlo con total comodidad. Las primeras veces que platican sobre sexualidad, citas e identidad pueden sentirse un poco inseguros. Ahora que sabes que tu hijo es gay, estos intercambios pueden parecer todavía más intimidantes, pero la clave es confiar en que esos

momentos incómodos son completamente normales. A lo mejor, sin querer, llamaste a la nueva novia de tu hija "amiga especial" o le guiñaste el ojo a tu hijo para decirle qué guapo es su maestro de ciencias. Igual que lo de Gwen Stefani, estos momentos pueden convertirse en anécdotas cómicas que van a perdurar toda la vida.

Ahora bien, no todos los momentos incómodos se van a convertir en recuerdos familiares que atesores; el punto es que no debes temer hacer un comentario incorrecto en el momento menos oportuno. Es la primera vez que eres padre de un chico gay, es algo totalmente nuevo para ti. Tampoco fuiste padre de un bebé de tres meses, lidiaste con el primer día del kínder de tu hijo o viviste su primera fiesta previamente. La crianza está llena de primeras veces e implica errores. La crianza también conlleva crecer, experimentar esos cambios, y aprender de cada experiencia. Si avergüenzas o molestas a tu hijo, o si confundiste el nombre de una estrella gay de pop frente a su *roomie*, recuerda que no has hecho nada malo. Ambos están atravesando una relación en constante evolución.

Superar el temor a esos momentos incómodos es clave para tener un diálogo con tu hijo, y el siguiente paso es hablar con él en este contexto nuevo e inexplorado. Si antes de que saliera del clóset tenías la costumbre de comentar sobre posibles ligues o lo molestabas por ponerse una corbata de puntitos para ir al dentista, ¡síguelo haciendo! Si sabes que a tu hijo le gustan los chicos y estás acostumbrado a hablar así con él, por supuesto que le puedes decir: "¿Entonces, John es tu amigo o tu 'amiiiigo'?", y después picarle las costillas. Sí, tal vez le dé vergüenza, pero en ese momento le estás comunicando que lo amas, sin importar nada más, y que no debe temer que su relación cambie sólo porque prefiere salir con personas de un género distinto del que hubieras esperado. Si en su relación no hablan de forma tan directa, entonces no deberías sentirte presionado para comportarte de otra forma a partir de ahora. Tu hijo necesita consistencia, no hay motivo por el que su sexualidad deba alterar sus interacciones más fundamentales.

Recuerda que tu hijo tiene el mismo cerebro y el mismo corazón que antes de salir del clóset. Es verdad que podría desarrollar intereses distintos ahora que se siente más cómodo con su identidad, pero aunque cambien sus gustos respecto a la ropa, música u otras actividades, sigue siendo el mismo que conoces y adoras. Date la oportunidad de hacer ajustes, tropezarte, dudar o equivocarte, decir cosas que no querías. Es parte de adaptarte a algo nuevo, y cuanto más te concentres en comunicarte, se volverá más fácil. Si no se te ocurre cómo iniciar, tienes mi permiso total para preguntarle si cree que [inserta el nombre de la estrella de pop del momento] es un primor.

P: Me enteré, sin querer, de que mi hijo o hija es gay. ¿Qué hago?

R: Descubrir por accidente que tu hijo es gay es como encontrar un regalo de cumpleaños dos días antes. Lo sabes, pero no deberías saberlo. En pánico, muchos padres practican su expresión de sorpresa frente al espejo para no lastimar a sus hijos cuando decidan salir del clóset. Aunque la sexualidad de tu hijo no se puede comparar con un regalo de cumpleaños, sentir que sabes algo que no deberías siempre es delicado. Tal vez la información te agobie y no sabes qué hacer al respecto, o te preocupa que el enfoque equivocado lo ponga contra la pared. Quizá te sientes herido porque no te lo haya compartido o te preguntes si hiciste algo para hacerle sentir que no podía hablar contigo.

Si te sientes apabullado por esta información intenta respirar profundamente. Para muchos padres éste es un trago amargo, y es completamente normal que te sientas agobiado y a la deriva. Es importante

"Mi propósito de Año Nuevo: salir del clóset con mi familia"

· · · · · · · · · · · · · · · · · ·

A los diecisiete años, poco a poco empecé a salir del clóset con mis amigos. Pero en casa era otra historia. Mi papá hacía comentarios del tipo: "Cuando seas grande y tengas un buen novio...". Estos momentos me hacían sentir muy incómoda porque mis respuestas eran mentiras, y soy muy mala fingiendo. Uno de mis propósitos para ese Año Nuevo fue contarles antes de que terminara el año. Muchas veces estuve a punto, y me motivaba: "¡Lo haré hoy!", pero nunca lograba decirlo. Sabía que su reacción sería completamente normal porque nos habían dicho a mis hermanos y a mí que no importaba de quién nos enamoráramos, siempre y cuando encontráramos a esa persona. Así que no entendía por qué me costaba tanto.

Todo empeoró cuando me dejaron de gustar chicas famosas y me gustó una chica de verdad, porque quería hablar de ella todo el día. Cuando a la hora de la comida le platicaba a mi familia qué tal había estado mi día, era inevitable mencionarla. Sabía que ella nunca se fijaría en mí, y moría por pedirle sugerencias a mi mamá porque siempre aconsejaba a mis hermanas en sus relaciones. Pero no podía porque sentía que antes debía iniciar con la conversación "Soy gay".

Así se pasó el año y me empecé a preocupar porque no iba a cumplir mi propósito. Siempre me pasa, pero sí quería cumplir con éste, y me odiaría por no hacerlo. Cuando llegó diciembre, entré en pánico. A pocas semanas de la fecha límite puse por escrito unos planes complicadísimos para mi discurso, que incluía reglas para no usar palabras que me incomodaran y una presentación de PowerPoint.

Cuando termine, guarde todo en mi cajón y pensaba en eso todos los días, pero aun así no me animaba.

Hasta que llegó Año Nuevo otra vez. Tenía doce horas para no incumplir mi propósito. Había sido dificilísimo hablar con mis padres ese día porque, en mi mente, la plática que tenía terminaba llorando... Pero una vocecita en mi cabeza me decía: "¡Diles, diles, diles!". En la noche nos sentamos a ver la tele. Cada que terminaba un capítulo de la serie era consciente de que había pasado otra hora, nos acercábamos a la medianoche y no lo había hecho.

Agarré mi computadora y escribí: "Si te cuento quién me gusta, ¿prometes no burlarte de mí?". No la solté. Tenía la boca seca y nunca había sudado tanto. No sé cómo, pero logré pedirles que le pusieran pausa a la serie. Le pasé la computadora a todos y mi mamá sonrió, me miró y preguntó: "¿Quién te gusta?". Balbuceé los nombres de tres protagonistas de nuestras series favoritas lo más rápido que pude. Contestó de inmediato: "Claro. Ya sabíamos". Mi papá respondió que estaba orgulloso de mí. Y después subimos a la azotea a ver los fuegos artificiales.

Después de eso fue un poco incómodo para mí porque todavía me costaba admitir que alguien me gustaba, y mi mamá se reía nerviosa cuando lo mencionaba porque no lo había hecho antes. Pero con el tiempo todos nos acostumbramos. Ahora compartimos quién nos gusta y nos contamos quiénes son nuestros "tipos", y mi mamá me da consejos como a mis hermanas.

—*Shelly, 19*

que analices la información antes de decidir qué hacer. Al igual que con otras cosas en la vida, las reacciones impulsivas no son siempre las mejores, incluso cuando tengas buenas intenciones.

También sé consciente de que la decisión de tu hijo de ocultártelo no refleja tus capacidades como padre. Recibimos incontables cartas de chicos y chicas que, aunque saben que sus padres los van a entender y aceptar, de todas formas les cuesta trabajo encontrar las palabras y el momento adecuado para hablar de su identidad. En muchos casos, no se sienten "seguros de su identidad", así que reunir el valor para hablar de ello puede ser difícil. Sin importar cómo procedas con esta información, intenta confiar en que este "secreto" tan sólo es parte de su proceso, no es indicador de un error catastrófico de tu parte.

Tus siguientes pasos dependen de la relación que tengas con tu hijo. La información que descubriste, sin querer, puede indicar que tiene muchas ganas de hablar contigo de estas cosas, pero que se le dificulta encontrar el *cómo*. Tal vez, de casualidad, escuchaste una llamada telefónica o encontraste una carta en la que le contaba a un amigo que tenía mucho miedo de hablar contigo sobre su sexualidad. Si así es, por supuesto que puedes ayudar a abrir esa puerta y ser honesto sobre tu descubrimiento accidental.

Si decides hablar directamente con tu hijo:

- ⊕ Asegúrate de que sepa que no lo estabas espiando. Es muy importante mantener la confianza.
- ⊕ Asegúrale, las veces que consideres necesario, que lo amas y apoyas.
- ⊕ No digas frases como: "No importa" o "No es grave". Porque para él puede serlo. Incluso si la información te deja como si nada y estás cien por ciento tranquilo, debes transmitirle que sí es relevante, desde un punto de vista positivo.

✤ Dale oportunidad de expresar una reacción visceral. A lo mejor al principio reacciona con enojo o no quiere dar muchos detalles en esa primera conversación. Transmítele que, si no está listo para hablar en ese momento, no hay presión para profundizar en el tema, pero que siempre estás disponible para él.

Sin embargo, tu descubrimiento accidental podría indicar que tu hijo se sigue sintiendo confundido con respecto a su sexualidad o no está listo todavía para hablar del tema. Tal vez encontraste una carta de amor dirigida a su mejor amigo o un blog personal en el que está explorando nuevos sentimientos. En este caso, la mejor alternativa es guardarte la información y esperar a que él se acerque. Es importante que tenga la oportunidad de entender su sexualidad para comunicarla de forma clara, cuando esté listo. Mientras tanto, hay un par de cosas que puedes hacer para ayudarlo a digerir la información y prepararse para esa conversación.

Si decides esperar a que te cuente:

✤ Asegúrate de expresar tus sentimientos. No se trata de contarles a todos en tu barrio, pero está bien si le cuentas a uno o dos amigos de confianza. Sólo asegúrate de que esos amigos sepan que no deben discutirlo hasta que tu hijo esté listo.

✤ Permite que tu hijo tenga privacidad. Averiguaste algo, sin querer, y a lo mejor tienes curiosidad y quieres saber más. A veces será difícil, pero seguir respetando su privacidad fortalecerá su capacidad de dar un paso adelante.

✤ Comparte indirectas sutiles y alentadoras. Esto fomentará un entorno en el que tu hijo se sienta seguro para hablar contigo sobre su identidad. No quiere decir que de repente debas colgar un póster de Elton John en el comedor, pero sí puedes hablar abiertamente sobre derechos humanos y los sucesos actuales.

⊕ Cuando tu hijo te busque, sé honesto. No debes fingir que no sabías, a menos que seas un aclamado actor; seguro se dará cuenta de que ya lo sabías. Explícale que accidentalmente descubriste algo que te hizo pensar que era gay, pero que querías darle el espacio necesario para que él abordara el tema.

⊕ Lee este libro. Buen trabajo, llevas ventaja.

Para muchos, la salida del clóset ayuda a aclarar y consolidar las complejidades de su identidad. La salida del clóset es sólo eso: un proceso. No importa si decides hablar con tu hijo de inmediato o esperar a que él te busque, la situación nunca será lo que habían "esperado", pero está bien. Salir del clóset nunca es como lo imaginamos y nunca estamos preparados para hablar de ello, sin importar de qué lado del diálogo estemos. Sin importar la decisión que tomes, recuerda que tendrás muchas oportunidades para aclarar tus ideas, preguntas y emociones.

P: Creo que mi hijo o hija es gay, pero no me ha dicho. ¿Le pregunto?

Cuando tenía quince años, mi pasatiempo favorito era coleccionar recuerdos de Britney Spears. Una tarde, mi mamá se me acercó, se asomó por encima de mi hombro para ver las fotos de Britney y en su marcado acento sureño me preguntó: "Dan, ¿eres gay?". Si hubiera sentido algo por Britney Spears más allá de admiración como intérprete, la pregunta hubiera suscitado una conversación muy necesaria. El problema era que yo no tenía idea de lo que ella estaba sugiriendo. ¡No era gay! Me encantaba un chico en la escuela y todos los días me sentía destrozada porque no se fijaba en mí. En ese momento no entendí por qué mi mamá había llegado a esa conclusión. Cuatro años después empecé a notar que me atraían las mujeres.

—Dan

R: Como papá, tal vez tienes una corazonada. A lo mejor también notaste cambios en su conducta, has visto que publicó algo en línea o tienes dudas sobre la relación que tiene con una amiga muy cercana. Es probable que tengas razón, pero también es probable que te equivoques. Aunque sea cierto, tal vez te estás adelantando al proceso de tu hijo. Más aún, cuando le preguntes si es gay o lo sugieras de forma insistente, puedes hacerlo sentir juzgado, vigilado o "diferente" de los demás, incluso si no es tu intención.

Una parte fundamental de la salida del clóset es tener la capacidad de comunicar tu identidad con las personas más cercanas, en tus propios términos. Por ello, a veces es mejor dar a tus hijos el espacio que necesitan para buscarte cuando se sientan más seguros y cómodos con su propia identidad. Aunque la mamá de Dan tenía razón, su pregunta la inquietó: le preocupaba que todos creyeran que era gay. También se preguntó por qué su mamá había llegado a esa conclusión y se empezó a sentir muy consciente de su conducta. No importa que la pregunta se plantee con cariño o si tus intenciones son buenas, la reacción suele ser: "Eres diferente a los demás".

También evita sacarles la información de forma indirecta. Si los interrogas sobre cuánto tiempo pasan con un amigo los puedes poner sobre aviso de que en esas preguntas se oculta una cuestión más importante. Recuerda que llevas mucho más tiempo en este mundo que ellos; explorar y entender la atracción y la sexualidad por primera vez suele ser una experiencia confusa. Entender lo que a ti te parece claro, les puede tomar mucho más tiempo. Si están intentando resolver sus confusiones y, al mismo tiempo, cómo y cuándo compartirlas, esas insinuaciones (no tan sutiles) les pueden hacer sentir molestos, presionados y mucho más confundidos.

Gibson tiene diecisiete años y ya le compartió a su familia que es gay. Pensó que el momento de salir del clóset sería más fácil si sus padres simplemente le preguntaran. Creía que así se evitaría el momento incómodo de dar pie a la conversación por su cuenta. Sin embargo, lo que descubrió fue que cuando sus padres le preguntaron, ¡estaba tan sorprendido que lo negó! "Al final, resultó más difícil contarles porque daba la impresión de que les había mentido abiertamente, en vez de haberles ocultado por pena mi sexualidad." En ocasiones, preguntar puede causar que entren en pánico, aunque tu tono sea alentador y compasivo. En el momento, muchos chicos y chicas se paralizarán y responderán lo que creen que quieres escuchar, y eso los pone en una posición aún más delicada.

Si crees que tu hijo es gay, el mejor enfoque es crear un entorno seguro y tolerante. Si resulta que lo es, esto le ayudará a reunir el valor para hablar contigo cuando haya comprendido mejor su propia identidad. Platica en casa sobre sucesos actuales y deja claro que apoyas la igualdad. Pregúntale cómo se tratan los chicos y las chicas en la escuela. Expresa tu disgusto con lo crueles que pueden ser las personas con quienes creen "diferentes". No tienes que ser gay ni tener un hijo gay para apoyar la igualdad y el respeto entre todos los seres humanos. Cuanto más fomentes el diálogo en torno a esos y otros temas, tu hijo entenderá que tiene padres amorosos que lo aceptan tal como es. Esto le permitirá sentirse seguro, explorar y entender su identidad; y cuando esté listo, te compartirá sus sentimientos.

P: Mi hijo o hija quiere salir del clóset en la escuela, pero me preocupa su seguridad.

R: Como sociedad hemos superado muchos tabúes para llegar a donde estamos, pero, a la par de este progreso, a muchas personas aún les causa incomodidad la sexualidad. Seguro has visto historias en la televisión o en las revistas que abordan el acoso entre los jóvenes, tanto en la escuela como en internet, y te preocupa que la preferencia sexual de tu hijo lo ponga en riesgo de acoso. Ese miedo no te hace controlador, ridículo ni dramático, sino un padre dulce, cariñoso y extraordinario. Lo mejor que puedes hacer con esos miedos es afrontarlos, estudiarlos y hablar de ellos abiertamente. No tiene por qué convertirse en una situación de antagonismo entre tu hijo y tú, debería ser una experiencia en la que *compartan* sus preguntas e inquietudes.

Lo más difícil de afrontar puede ser que, en última instancia, es decisión de tu hijo. Incluso si tuvieras motivos sensatos, espléndidos, para que guarde el secreto, no hay manera de controlar lo que comunica a sus amigos o a la comunidad de su escuela. Sin embargo, sí tienes derecho a expresarle tus sentimientos o sugerir que estudie la situación desde todos los ángulos, antes de seguir adelante con su decisión. Puedes iniciar la conversación con algo así: "Me preocupa que salgas del clóset en la escuela y me gustaría que habláramos de un par de cosas, pero entiendo que, en última instancia, es tu decisión, y siempre te voy a apoyar". Así le transmites que respetas su capacidad de tomar decisiones por su cuenta. Ese respeto le permite escucharte con más apertura que si intentas decirle qué hacer o qué evitar. Plantear preguntas suele ser más efectivo que imponer reglas. El diálogo que tengan le ayudará a tener en cuenta factores que tal vez no había considerado, y a ti te ayudará a entender mejor el ambiente de su escuela.

Algunas preguntas que puedes hacer:

- ⊕ ¿Cómo te imaginas que van a reaccionar tus compañeros?
- ⊕ ¿Ya tienes amigas que sepan? ¿Qué opinan?
- ⊕ ¿En la escuela hay clubes o foros en donde puedas hablar con otros chicos y chicas sobre tu experiencia?

También puede ser útil abordar por qué tu hija quiere salir del clóset en la escuela. A lo mejor se siente presionada porque tiene que mentir sobre sus intereses casi todos los días. Tal vez encontró a un grupo de aliados en la escuela y están listos para dar este paso, apoyándose. Quizá quieren encabezar la comunidad activista en tu ciudad. Son motivos muy válidos y muy distintos, y conocerlos te ayudará a entender la situación con una perspectiva más amplia.

Plantear preguntas ayuda a entender las circunstancias y el entorno cercano, pero también puedes asumir un papel más activo para crear un entorno seguro para tu hijo y otros jóvenes. Existen innumerables organizaciones para eliminar el acoso escolar. Listamos varias en la sección de Recursos; éstas pueden brindar más herramientas para facilitar el diálogo en torno a dichos temas. Se pueden proyectar películas en las escuelas, implementar programas académicos y organizar reuniones para abordar lo que enfrentan los chicos en tu comunidad. Platica con tu hijo sobre estos recursos y pregúntale si le gustaría tener un papel activo en su escuela. Tal vez le emocione tu interés, saber que tu voz le ayudará a llegar a la dirección y a los profesores. Sin embargo, tal vez no esté listo para que tú asumas un papel tan activo. Escúchalo y tracen un plan en conjunto con el que ambos se sientan cómodos e implicados.

"Siempre voy a recordar el día en el que nos dijo"

En octubre pasado, mi hijo Daniel nos dijo a mi esposa y a mí que era gay. Recuerdo el día exacto, primero de octubre. Ese día comimos espagueti con albóndigas y desde entonces no hemos comido espagueti con albóndigas (¡es broma!). Daniel nos dijo: "Les quiero contar algo que creo que ya saben... soy gay". Y después le preguntamos lo que muchos padres saben que *no* deberían preguntar: "¿Estás seguro?".

A mí me tomó completamente por sorpresa. No estaba listo. Tengo varios amigos y empleados gay y nunca los he visto como diferentes a los demás. Pero cuando se trató de mi propio hijo, no supe cómo manejarlo. Estaba en shock. Lloré dos días seguidos, por el dolor de imaginar lo que Daniel estaba pasando. Pero cuando lo miraba, me daba la impresión de que era el mismo chico inteligente y feliz.

Después de contarnos, Daniel creyó que lo íbamos a correr de la casa, que ya no lo querríamos y que todo iba a cambiar. Creo que nuestra reacción le sorprendió. Le dijimos: "Te amamos sin importar nada. Eres nuestro hijo". Lo primero que hizo mi esposa fue llamar a una amiga que es psicóloga y que conoce a Daniel desde pequeño. Le dijo: "Daniel acaba de salir del clóset. ¿Qué hacemos? ¿Qué sigue?".

Lo que me ayudó a tranquilizarme fue el apoyo de mis amigos. Compartí la noticia con dos amigos muy cercanos porque necesitaba hablarlo con alguien, además de con mi esposa. La respuesta rotunda fue: "¿Y qué? Es Daniel. Sigue siendo el mismo chico cariñoso". Eso me dio mucha fuerza. A medida que más gente se fue enterando, me llamaban para decirme: "Oye, Sergio, ya me enteré. Daniel es un chico increíble". Sin duda, hay personas que pueden ser ignorantes y de mente cerrada, pero la sociedad en la que vivimos actualmente es más comprensiva, y fui testigo de ello cuando se trató de Daniel.

A la semana de que mi hijo salió del clóset, fui a terapia y conté lo que estaba viviendo. Sin rodeos, la terapeuta me dijo: "Sergio, estás haciendo todo bien. Amas a tu hijo". Eso fue muy reconfortante.

Ahora que he tenido más tiempo para procesar todo lo que sentí cuando Daniel salió del clóset, me siento agradecido. Estoy complacido de que mi hijo haya tenido la inteligencia y el valor de contárnoslo a su edad, y que tengamos la oportunidad de conocerlo completamente a medida que va creciendo.

—*Sergio, 51*

P: Creo que mi hijo o hija en edad preescolar podría ser gay. ¿Qué hago?

R: Muchos padres de hijos gay aseguran que "siempre supieron". Cuando se les pregunta cómo, algunos indican que los juguetes o la ropa que elegían sus niños fue un indicador; otros señalan que el comportamiento de sus hijos con ciertos individuos fue revelador; muchos otros refieren que se trata de un presentimiento inexplicable.

Es importante recalcar que sacar conclusiones a partir de conductas o intereses puede ser complicado. Es muy complejo entrar en un debate sobre el género y su relación con la sexualidad en sólo unos párrafos (aunque en el capítulo 7 lo abordamos más a fondo), pero vale la pena tocar este tema, aunque sea brevemente en este contexto. ¿Es cierto que los niños que juegan con muñecas terminan sintiéndose atraídos por los hombres más adelante? Algunas veces. Sin embargo, a muchos hombres a quienes les encantaba jugar con muñecas les atraen las mujeres. Las combinaciones de la expresión externa de género y la atracción sexual son infinitas. Ten en cuenta que durante el desarrollo de tu hijo es posible que le interesen ciertos juguetes o ropa que no necesariamente revelan algo sobre su orientación.

Dicho esto, si por alguna u otra razón sigues sospechando que tu hijo es gay recuerda que hay (por lo menos) dos personas involucradas en esta pregunta: tu hijo y tú. Por lo tanto, hay ciertas cosas que querrás hacer por ti y ciertas cosas que querrás hacer por tu hijo.

El mejor paso que puedes dar es compartir tus ideas y preguntas con alguien más. Al igual que con otros temas relacionados con la crianza, compartir tus experiencias con gente querida y de tu confianza siempre te ayudará a entender mejor tus sentimientos y seguir adelante con mayor claridad. Al margen de la sexualidad de tu hijo, informarte sobre temas LGBTQ te preparará para responder a preguntas que puedan surgir en el futuro. Busca recursos y grupos LGBTQ sin fines de lucro. En Estados Unidos existe PFLAG, un grupo de defensa y red de apoyo para las familias y amigos de personas LGBTQ. Consulta la sección de Recursos para tener mayor información sobre grupos de apoyo y bibliografía. Si en diez años tu hijo es heterosexual y te equivocaste, sin querer te familiarizaste con una comunidad distinta a la tuya. ¡Y eso es maravilloso!

Tratándose de tus hijos, debes darles apoyo, inclusión y diálogo abierto. Como ya vimos al principio de este capítulo, preguntarle a cualquier chico si es gay (no importa si tiene cinco o quince años) puede marginarlo. En el caso de un niño que todavía no entiende bien qué significa la palabra *gay*, hacerle una pregunta tan directa puede resultar muy confuso. Entonces, en vez de confrontarlo, demuéstrale tu apoyo asegurándote de que sepa que, sin importar quién sea, lo amarás incondicionalmente.

Puedes seguir estos sencillos consejos:

⚜ Háblale de la variedad de familias que existen en el mundo. A lo mejor en tu casa son papá y mamá, pero es importante que los niños sepan que hay hogares con una mamá o dos madres o dos padres, algunas con un abuela, etcétera. En la sección de Recursos elaboramos una lista de libros para niños que ilustran estos conceptos de forma maravillosa.

⚜ Explica las cosas de manera sencilla. Muchas personas creemos que no podemos o debemos contarles a los niños pequeños sobre la homosexualidad porque no entenderían o porque no deberían aprender sobre sexo. A esta edad, tus hijos saben que los niños aman a las niñas, así que es por completo razonable que sepan (y entiendan) que a veces los niños aman a los niños y las niñas aman a las niñas. Es probable que reciban esta información tal como recibieron toda la que reciben a diario, que se encojan de hombros y hagan algunas preguntas. Contarles que a veces los niños aman a otros niños no tiene por qué incluir una plática avanzada sobre el sexo.

⊕ Permíteles vestirse y jugar como quieran. Nunca debemos decirles a los niños que algunos juegos o juguetes son "sólo para niños" o "sólo para niñas". Esto crea rígidas estructuras de género a las que pocos podemos ajustarnos, sin importar nuestra sexualidad, y puede hacerles entender que las cosas que disfrutan son buenas o malas por naturaleza.

⊕ Sé honesto sobre las acciones ajenas. Si le permites a tu hijo vestirse y jugar como quiera, es posible que sus amigos se burlen de él por ser diferente. Si esto pasa, explícale que a algunos no les gusta la gente que es diferente a ellos, pero que tú siempre lo vas a apoyar. Dale la oportunidad de que comparta contigo sus sentimientos, y enfrenten juntos esas experiencias.

Estos sencillos pasos crearán un entorno abierto en el que tu hijo podrá explorar y jugar sin sentir que sus padres crean que está "mal" o es "malo". Cuando los niños son tan pequeños, sus intereses y conductas cambian con frecuencia, por eso es difícil *saber* algo concreto sobre cómo serán en el futuro. Todos los niños aprenden sobre la atracción y la sexualidad en distintos momentos de su desarrollo; por eso, permitirles expresar lo que quieren y jugar con los juguetes que les gustan con libertad (así como hacerles saber que existen muchas identidades distintas) les ayudará a entenderse mejor.

EN CONCLUSIÓN

⊕ Es probable que, hasta hace relativamente poco, tu hijo haya entendido que es gay, así que reunir el valor para hablarlo puede dar miedo. Ten paciencia y apóyalo a fin de que se sienta cómodo de hablar contigo cuando esté listo.

⊕ Concéntrate en crear un ambiente seguro en casa, abierto para todas las identidades, siempre.

⊕ Procura que tu estilo de crianza sea consistente; no hay razón por la que la sexualidad de tus hijos altere la esencia de cómo interactúas con ellos.

⊕ Permite que los niños pequeños se expresen con libertad y que jueguen con los juguetes que les gusten. Dales herramientas para entender que el mundo tiene muchos colores, no sólo rosa y azul.

Capítulo 2: Primeras reacciones

Cuando las cosas se acomoden después del anuncio inicial, es probable que le estés dando vueltas a muchas preguntas. Quizá temes que tu hijo se enfrente a la discriminación, nunca se case o se sienta fuera de lugar en el mundo. Muchas de estas preocupaciones surgen sin importar la sexualidad de tu hijo, pero, dado este nuevo contexto, las cosas parecen abrumadoras. Ten la seguridad que estás capacitado para lidiar con estas preguntas y preocupaciones, y que hay recursos a tu alcance.

No temas hacer preguntas. Cuanta más información reúnas, será más fácil ubicarte en este nuevo entorno. Aclara tus dudas con tu hijo, amigos y busca libros, artículos y grupos de apoyo que te puedan ayudar a entender mejor a tu hijo y este proceso en general. Tómate el tiempo que necesites para reflexionar. No vas a hallar todas las respuestas que buscas en unas semanas o meses. El hecho de que estés comenzando esta experiencia buscando recursos y respuestas es un indicador claro de lo mucho que quieres a tu hijo y lo mucho que quieres entenderlo y apoyarlo.

P: ¿Es una elección?

En lo personal, no creo que haya nacido gay. Tampoco creo haber elegido mi sexualidad de manera explícita. Creo que logré entenderme, asimilar mis intereses y atracciones a partir de muchísimos factores, algunos parecían más inherentes a mi persona y otros provinieron del mundo a mi alrededor. Sé que no elegí quién me gustaba o de quién me enamoré, pero nunca he sentido que "siempre lo supe". Lo que sí sé es que, si hoy tuviera que elegir, elegiría esta vida, con mi sexualidad incluida. Amo mi vida y me encanta la perspectiva que tengo del mundo porque está marcada por quien soy y a quien amo. Creo que todos terminamos entendiendo nuestras sexualidades de manera única.

—Kristin

R: Es importante tener cuidado de hablar de la sexualidad como algo que es o no "una elección". La palabra *elección* es una forma muy limitada de describir una experiencia tan compleja. Cuando escuchamos que alguien "elige" algo, lo imaginamos en términos muy sencillos: escoger una camisa roja en vez de una verde o escoger papas fritas en vez de ensalada. Sin embargo, es impreciso enmarcar así nuestra experiencia con la sexualidad o la atracción. Reflexiona sobre tu propia sexualidad. Si te identificas como "heterosexual", ¿crees que elegiste serlo conscientemente? ¿Un día despertaste, analizaste las opciones que tenías delante y concluiste que preferías identificarte como heterosexual, así que la escogiste? Y de repente, después de tomar esta decisión, ¿descubriste que te atraía un género en especial? Seguramente no. Nunca es tan sencillo como escoger una identidad y dejar que esa elección o decisión defina tus deseos e intereses. Si a esto nos referimos cuando hablamos de "elección", entonces no, ninguno elegimos nuestra sexualidad. No obstante, es muy

importante reflexionar lo que supone esta pregunta. Para algunos, es simple curiosidad; dada tu propia experiencia con la sexualidad, tal vez te preguntes cómo alguien se concibe como no heterosexual. Otros quieren decir: "¿Puedo ayudarle a mi hijo a cambiar esa elección?" o "¿Mi hijo decidió ser gay?".

A quienes la experiencia les produce curiosidad: todos tenemos una relación muy personal con nuestra sexualidad. Hay individuos que creen saber que eran gay desde que tienen memoria, que sienten que está en su ADN y que, literalmente, "así nacieron". Hay otros que comprendieron su sexualidad más adelante, y que creen que las experiencias que tuvieron en el mundo ilustraron sus deseos y atracciones. Otros más se sienten en un punto intermedio, parte de su identidad es innata, pero distintas experiencias e interacciones también ayudaron a moldear y fomentar sus gustos. No hay manera de entender el complejo laberinto cerebral que determina y dirige los deseos, y concluir con una respuesta definitiva, porque todos lo vivimos de manera diferente. La única manera de entender la experiencia de tu hijo con su sexualidad es preguntarle. Tal vez descubras que lo supo desde los tres años o que nunca lo había contemplado hasta este año. Sin importar cómo sucedió, es válido, real y verdadero.

Para quienes quieren saber si la sexualidad es una decisión o algo que pueda cambiarse: no, no lo es; y no, no se puede. Como ya dijimos, reflexionar sobre tu propia experiencia con la sexualidad es una forma maravillosa de hacerte una idea de lo complicado que puede ser. Así como no puedes cambiar tu cerebro, corazón y cuerpo para interactuar con las personas y el mundo, tu hijo tampoco puede hacerlo. Intentar negar una parte de ti (tu sexualidad o cualquier otra cosa) es problemático, dañino y excluyente. Cuando tratamos de negar una parte de nosotros mismos, esa parte crece y exige que le prestemos la atención que merece. Tu hijo es tu hijo, e incluye todos sus aspectos, deseos y atracciones.

P: ¿Es mi culpa?

R: *Culpa* es otra palabra delicada. La pregunta "¿Quién tiene la culpa?" implica que la sexualidad de tu hijo es intrínsecamente mala. Por lo tanto, el primer paso para abordar esta pregunta es replantearla de modo que suscite un intercambio más abierto. No se trata de señalar ni juzgar a nadie (o no debería), se trata de preguntarte *por qué* la sexualidad de tu hijo es distinta de la tuya, o contradice lo que hubieras esperado. Como comentamos en la pregunta previa, entender la sexualidad individual es un proceso muy distinto para todos, y no depende de un momento en especial o una "decisión" sencilla. Nadie puede reducir sus atracciones y deseos a un origen específico. Y, a decir verdad, incluso si pudiéramos quitar todas las capas para descubrir que *sí, cuando a los tres años le dijiste a tu hijo que tenía que ir a ballet, de algún modo dictó y moldeó su futura sexualidad,* ¿qué harías con esa información? No serás mejor padre cuando sepas *por qué* tu hijo es gay. Es más importante aceptarlo y apoyarlo.

Está bien fomentar el diálogo en torno a algunas de estas preguntas, siempre y cuando no le transmitas a tu hijo que está mal. No inicies diciendo: "¿Eres así por mí?" o "¿Eres así porque hice algo malo?". Mejor inicia la conversación con un tono positivo: "Me encantaría que me platicaras cuándo empezaste a entender esta parte de ti. ¿Crees que siempre te has sentido así o crees que te formaron las experiencias de tu vida?". Si tu hijo puede hablar abiertamente de estos temas, podrás aprender cómo entiende su identidad. En cierta medida, esto te ayudará a aliviar la culpa que sientes. Sin embargo, si no está listo para responder estas preguntas, ten paciencia. Tarde o temprano se sentirá más cómodo para tener una conversación franca. Por ahora, concéntrate en los aspectos positivos de su vida (incluida su sexualidad) y recuerda que ninguna persona crea o dicta los deseos de los demás.

P: Creo que es una fase.

R: La mayoría experimentamos varias etapas en distintos aspectos de nuestras vidas; una de ellas es la sexualidad. Así como nuestros gustos para la comida y la música pueden cambiar a lo largo de los años, también evolucionamos en términos de quién nos atrae y por qué nos atrae a partir de muchos factores, como el aspecto físico, la personalidad, los intereses y, a veces, el género. Cambiamos, crecemos y tal vez tu hijo está inseguro, pero quizá nunca había estado tan seguro de nada. Puede que su sexualidad sea consistente toda su vida, o puede variar, pero esto no invalida su identidad actual. En lo que se refiere a la sexualidad, todos los chicos y las chicas (de hecho, todas las personas) tienen su propia experiencia. Lo importante es quiénes son y cómo se sienten *ahora mismo*. Como padre, quizá ya conoces la cantidad de sucesos inesperados a los que te enfrentarás en la vida. Lo mismo le pasará a tu hijo. Haz todo lo posible por ser flexible y acompañarlo en todas sus experiencias, en vez de anticipar el futuro.

J, quien salió del clóset con sus padres a los dieciséis, cuenta que su mamá hablaba de su sexualidad en estos términos: "Bueno, lo que pasa es que estas teniendo dudas" o "Estás confundida". Estas palabras le molestaban y las consideraba una falta de respeto porque, en sus palabras: "Empecé a cuestionarme a los trece, así que cuando cumplí dieciséis salí del clóset, porque ya sabía que era gay. Ésa era mi identidad".

Respetar la identidad de tu hijo es posible, incluso si dudas si será consistente con el tiempo. Incluso si por dentro estás gritando: "¡No es cierto!", refutar su identidad suele ser contraproducente. Cuanto más insistas en que NO es quien dice ser, es más probable que se esmere en contradecirte, en vez de centrarse en su propio proceso de reflexión personal.

Permítele experimentar su propio viaje, equivocarse, hacerse cortes de pelo espantosos, enamorarse. Durante muchos años has ocupado la primera fila en su desarrollo, así que tal vez sea un reto aceptar que no esperabas esta faceta de su identidad. Haz tu mejor esfuerzo por valorar quién es y cómo se identifica hoy. Tal vez dentro de dos, cinco, diez o veinte años tu hijo tendrá intereses completamente distintos. A lo mejor tienes razón y, tras explorar sus atracciones, llegará a otra conclusión. Sin embargo, también tú podrías equivocarte. Tu hijo tiene la libertad de explorar quién es, y puede conocer a alguien de su mismo género, enamorarse perdidamente y envejecer juntos, más feliz de lo que imaginaste.

P: ¿Puedo hacer preguntas?

Hubo una época en la que las preguntas que me hacía mi papá sobre mi vida (sobre el amor, mis amigos, la política) me avergonzaban muchísimo. No tenía nada que ver con que no quisiera a mi papá o que no quisiera que supiera detalles de mi vida, simplemente todavía no sabía cómo hablar de mis sentimientos. Sin embargo, nunca dejó de preguntar y, si se daba cuenta de que me incomodaba, se reía y me decía: "Hija, no tenemos que hablar de esto, sólo me gusta saber cómo estás, en qué piensas". Pasaron varios años para que aprendiera a platicar así con mi papá sin sonrojarme, pero nunca me molestó que lo intentara. De hecho, lo valoraba muchísimo. Ahora que estoy un poco más grande, platico con mi papá de todo. Siempre es el primero en enterarse qué estoy haciendo, con quién estoy saliendo, cómo están mis amigos, qué temas políticos me ocupan. Somos más cercanos que nunca y estoy segura de que se debe a que nunca dejó de hacerme preguntas.

—Dan

LA PERSPECTIVA DE UNA MAMÁ

"¿Qué hice mal?"

. . . .

Cuando mi hija salió del clóset a los veinticinco años, estaba muy conmovida. Como madre, lo primero que pensé fue: "¿Cómo es posible que no me diera cuenta? ¿De qué me perdí? ¿Qué hice mal?". En vez de centrarme en ella, me centré en mí y en mis capacidades como madre. Busqué motivos para que no fuera verdad. No era la vida que quería para mi hija. Quería un yerno y nietos. El camino tradicional. También sabía que ella no era tradicional, para nada.

Como mi hija vivía en otra ciudad cuando salió del clóset, me contó por teléfono. No fue ideal, pero seguro fue lo mejor, debido a que las dos nos sentimos desbordadas. Tras una llamada emotiva, corrí a su antigua habitación, pensando que de algún modo me sentiría más cercana a ella. Creí que se me revelaría alguna pista que me ayudara a comprender esta información.

Busqué fotografías de la escuela, anuarios, diarios, cualquier cosa para encontrar qué se me había escapado (algo se me tuvo que haber escapado). Una madre perfecta habría reconocido esto desde pequeña, o la hubiera criado en un entorno más propicio en el que se sintiera más cómoda y hubiera descubierto esto antes. Recordando todas sus dificultades en la preparatoria y la universidad, en vez de desear que no fuera gay, me empecé a sentir culpable por no permitirle ser su yo más auténtico. Se había hecho pasar por quien yo quería que fuera, en vez de encontrarse a sí misma. Siempre había juzgado con severidad a los padres que vivían indirectamente a través de sus hijos, y me estaba dando cuenta de que yo también lo hacía.

No me gusta el dolor emocional, así que suelo buscar la forma más rápida de evitarlo. Mi esposo dice que puedo aceptar nuevos paradigmas más rápido que la gente promedio. Me tomó un par de días darme cuenta de que no debía enfocarme en lo que había hecho o dejado de hacer en su infancia. Era parte del pasado y no lo podía cambiar. Lo importante era lo que estaba haciendo hoy. Lo más importante era lo que mi hija necesitaba en ese momento: mi amor incondicional. Más tarde podía aclarar las cosas, si es que esto hacía falta. Una madre nunca quiere ver que su hija sufre. Mi hija estaba viviendo una de las experiencias más dolorosas de su vida, temía perder nuestra relación por ser ella misma. Necesitaba que le asegurara que la apoyaría, siempre.

Moría de ganas de subirme a un avión, correr a buscarla y cargarla, como si tuviera tres años, abrazarla y decirle que todo iba a estar bien. En vez de eso tuvimos largas pláticas por teléfono, llenas de más lágrimas y emociones. Sin embargo, con estas pláticas ella entendió que continuaría apoyándola siempre.

Estoy muy orgullosa de ella y extremadamente orgullosa de ser su mamá.

—*Lynn, 51*

R: No nada más puedes hacer preguntas, debes. Cuando le haces preguntas a tu hijo le expresas que te interesa y quieres entenderlo mejor; son indicadores de un padre maravilloso. Por supuesto que no siempre obtendrás la recompensa de estos esfuerzos de inmediato, y tal vez tu hijo responda avergonzado o incluso molesto porque siente que te entrometes en su vida personal. Es importante que recuerdes que es posible comunicar cómo te sientes, expresar los motivos por los que quieres entender mejor sus sentimientos y, *al mismo tiempo*, darle el espacio que necesita para conocerse mejor. Quizá no sea receptivo de inmediato, pero con el tiempo valorará tu interés.

Un buen comienzo es decirle que tienes preguntas y que te gustaría platicar. Por ejemplo: "¿Te importa si te pregunto algunas cosas?" o "¿Está bien si platicamos?". También puedes iniciar esa conversación de manera más específica: "¿Te sientes cómodo contándome cómo te diste cuenta de que eres gay? Me ayudaría mucho a entenderlo". Tal vez tu hijo responda emocionado, con ganas de compartirlo contigo y que esto fomente un diálogo muy interesante. Si es el caso, fantástico. Si no lo es, no te rindas, intenta en otro momento. En esos acercamientos, ten paciencia con tu hijo y contigo mismo porque es un nuevo territorio para ambos. Cuando terminen de platicar, déjale muy claro que siempre puede hablar contigo y acercarse con cualquier pregunta, porque las tendrá, y dejar la puerta abierta creará más oportunidades para comunicarse.

Si recibes una reacción más bien avergonzada, molesta, desesperada o dudosa, ¡está bien! Esto quiere decir que tu hijo está a mitad del proceso de sentirse cómodo consigo mismo, y todavía no le resulta fácil platicar de ciertas cosas. Oluremi salió del clóset con sus padres a los dieciséis, y reflexiona sobre sus preguntas: "Siempre creí que era normal que me hicieran preguntas, pero no siempre supe cómo responderlas ni me sentí lista para hacerlo".

"Mi mamá me dijo que era demasiado femenina para ser gay"

....

Mi mamá toma unas fotos hermosas. Debido a su profesión puedo tener un vistazo, aunque sea sutil, de cómo concibe el mundo. Éste ha sido un regalo para entenderla como persona. Pero ésta no es una historia sobre la fotografía de mi mamá, es una historia en la que por fin pude comprender lo que mi madre veía a mis diecisiete años.

Durante mis últimos meses en la preparatoria, insistí en inscribirme en la Academia Naval de los Estados Unidos. Quería estudiar química, ser piloto de avión de carga y, después, astronauta. Dediqué horas a leer sobre la NASA, fui a un campamento de ciencia y tecnología aplicada en políticas públicas y fui presidenta del club de química de mi preparatoria. Mi madre, quien había salido con oficiales de la marina, estaba destrozada con la idea de que estudiara en la Academia Naval. Una chica sensible, de voz suave, a quien le gustaba la poesía y lloraba con cualquier cosa... no eran las características de una oficial naval. En retrospectiva, a mi mamá le preocupaba que la Marina me hiciera pedazos. Y yo esperaba que me fortaleciera.

Necesitaba fuerzas porque temía que, si se sabía que me gustaban las chicas, me denigrarían. Hasta que una tarde después de comer, mi madre me preguntó sobre un correo que me envió una amiga. Reconocí lo que más temía: que era lesbiana. El primer diálogo fue tranquilo, pero ella me aseguró que estaba pasando por una fase. Las mujeres son atractivas, reconoció, pero no debía confundir la atracción con reconocer la belleza de las personas. Mis abuelos habían estado muy graves de salud durante todo el año, y nuestra familia lo había padecido; seguro era mi reacción ante el estrés. Además, era muy femenina, siempre lo había sido, bromeó que ella era más lesbiana que yo porque de joven fue una tenista dedicada y muy atlética. En cambio, a mí me encantaba peinarme, maquillarme, pintarme las uñas, ¿en serio yo era *lesbiana*? Me preguntó si me dieran a escoger entre salir con un chico o una chica, iguales, a quién escogería. Sumisa, respondí que la chica. Mi mamá creyó que respondí así para justificarme. Terminamos y le rogué que no le contara a mi papá.

En las siguientes semanas, mi mamá hizo comentarios sobre el aspecto masculino de las astronautas femeninas a quienes admiraba tanto. Antes había bromeado sobre una buena amiga y sugirió que me gustaba (era cierto); después de nuestra conversación dejó de hacer estos chistes. Me ensimismé. Oculté mi secreto, corté toda relación con mi amiga y me fui a estudiar a una universidad de artes. Ese primer año me sentí miserable. Intentaba equilibrar la opinión que tenía mi madre (que era una fase) con mis sentimientos. No tenía idea de en quién confiar. Mi mamá nunca se equivocaba. De niña siempre defendía mis intereses y, aunque es muy molesto, cuando se trata de su intuición, siempre acierta. ¿Cómo podía equivocarse ahora? No estudié química, sino literatura francesa. Era femenina, tal vez era el campo más indicado para mí. En la universidad salí brevemente con algunos hombres, pero empezaba a reconocer que sólo sentía mariposas en el estómago con las chicas que me gustaban.

En ese primer año de universidad hablé mucho con mis padres, por teléfono, porque vivía a dos horas de distancia en una ciudad grande. Mi mamá se enojó cuando se enteró de que había ido a un bar gay con unas amigas (no estoy segura de por qué le conté). Buscó el bar en internet y me dijo que la gente que aparecía en las fotos era "rarísima". En retrospectiva, ese comentario pudo haber sido lo mejor que dijo. Aunque me dolió mucho, también me hizo enojar. Y, gracias a mi enojo, pude poner en duda sus juicios y evaluar si su opinión correspondía a la verdad. Me dijo que en el trabajo ningún chico me invitaría a salir con el pelo tan corto, que si me seguía comportando como lesbiana, todos me iban a tratar así. La realidad era más frustrante: ninguna mujer se me acercaba, aunque el corte de pelo me dio la seguridad que no había tenido nunca.

De algún modo mi mamá y yo superamos este dolor juntas. Después de muchas lágrimas y pláticas, por fin algo hizo clic. En cuanto a mí, me aferré a mi enojo más de lo debido. Fue hasta que examiné mi frustración en terapia que empecé a ver una salida. Expresé molestia porque mi mamá ni siquiera recordaba la mitad de las cosas hirientes que me había dicho, y mi terapeuta respondió: "Tu mamá se ha esforzado mucho para llegar a donde está ahora. Merece que le des crédito". En principio, eso también me hizo enojar, me indigné hasta que por fin acepté que era verdad. Me di cuenta de que mi mamá no recordaba haberme dicho cosas hirientes porque su intención nunca había sido herirme.

Mi mamá me ha apoyado todos estos años. Incluso cuando sus palabras me lastimaron, me amaba. Esperar que ésta fuera una fase era otra manera de intentar protegerme; también quería evitarme las dificultades de la Marina. Lo importante es que cada día quiero más a mi mamá, y ella también a mí. Hace poco me tomó una foto. En general, detesto las fotos mías, pero ésta me encanta. Me veo hermosa, vista a través de sus ojos; es un atisbo de lo mucho que me quiere. A fin de cuentas, fue mi mamá quien me dio el valor de hacer lo que quiero.

—Molly, 26

Si tu hijo no está listo para responder tus preguntas, basta con decirle algo así: "Es normal que no hablemos de esto ahora. Sólo quiero que sepas que te quiero y que cuando estés listo para platicar, me ayudará a entenderte mejor". Espera un par de meses y vuelve a probar el mismo enfoque: pregunta si se siente más cómodo para hablar.

Si no lo está, sigue siendo importantísimo abordar tus dudas. Hay miles de padres que han tenido preguntas y experiencias similares, se trata de ponerse en contacto con los grupos y las comunidades adecuadas; consulta la sección de Recursos (página 195). Puedes aprender y transitar por este proceso en tus propios términos, al tiempo que tu hijo se siente más cómodo con quien es. Después de cierto tiempo, es probable que te resulte más fácil plantear preguntas y a él, responderlas.

P: ¿Mis otros hijos serán gay?

R: Es posible, pero impredecible. Hay muchos hermanos con sexualidades muy diversas. Así como a uno de tus hijos le pueden gustar los deportes, otro tendrá un talento nato para cantar; y cuando se trata de sexualidad, todas las personas son distintas. Podríamos hablar durante horas sobre la biología que lo explica, y sobre si tener un hijo gay incrementa las probabilidades de que tus otros hijos lo sean. Pero ninguna de las teorías científicas sobre este tema es concreta, no hay ninguna manera de descifrar si tus otros hijos serán gay a partir de la sexualidad de uno de ellos.

Hemos platicado con muchos padres a quienes les preocupa que, si sus otros hijos saben que su hermano o hermana es gay, tendrán más motivos para serlo ellos mismos. Pero así no funciona la identidad sexual, para nada. Intenta imaginar cómo te habrías sentido sobre tu propia sexualidad si tu hermana hubiera sido gay, o si un amigo cercano hubiera salido del clóset en la secundaria o la preparatoria. ¿Crees que hubiera suscitado cambios en tu identidad? Tal vez, si ya hubieras tenido curiosidad, te habrías sentido más cómodo para explorar tu sexualidad o hablar de ella. Sin embargo, esa noticia no hubiera cambiado los fundamentos que dictan y crean tu sexualidad. Hablaremos de esto en los siguientes capítulos pero, en resumen, ser honesto con tus otros hijos no alterará sus deseos e intereses personales. Tus hijos son quienes son y punto.

Más todavía, ser franco y aceptar todas las identidades (dentro y fuera de tu familia) puede marcar la diferencia si uno de tus otros hijos *sí* es gay. Salir del clóset suele ser un proceso mucho más duro para cualquier chico o chica con un hermano que ya salió del clóset en la familia. Hemos hablado con muchos jóvenes que han presenciado cómo sus hermanos salen del clóset, y están aterrados de hacer lo mismo, porque esto supone que ahora *dos* integrantes de la familia son gay. Muchos sienten que esto provocará que sus padres enloquezcan, y que la aceptación se torne en decepción, ira o tristeza. También temen que su revelación se perciba menos válida, como una "imitación" o ganas de ser como su hermano.

Sólo por estos motivos es importante que tus otros hijos vean y escuchen que apoyas a su hermano o hermana que salió del clóset. Como ya comentamos, este apoyo no cambiará quiénes son, los ayudará a entenderse mejor y a compartir contigo lo que descubren de sí mismos. Si tienes más de un hijo y te escuchan decir que estás "aliviado" de que tus otros hijos "no sean gay", esto puede cerrar toda comunicación con ellos (probablemente lo hará). Asegúrate de transmitirle tu apoyo frente a sus hermanos y esfuérzate por usar lenguaje incluyente. Si les preguntas si están saliendo con alguien, hazlo de forma incluyente. En vez de preguntarle a tu hijo si le gusta alguna chica en la escuela, pregúntale si le gusta o está saliendo con alguien.

No nada más demuestras tu sensibilidad, también respeto y apoyo hacia el hijo que salió del clóset.

El punto es tratar a todos tus hijos por igual y con respeto. En algunas familias sí hay más de un chico gay, en otras hay seis hermanos y sólo uno es gay. No hay manera de "saber" las complejidades de tus otros hijos a partir de las cualidades de uno de ellos. No obstante, sí es posible que tu apoyo y honestidad hagan sentir cómodos a todos para expresarse, sin importar quiénes son.

EN CONCLUSIÓN

✦ Utilizar la palabra *elección* al referirse a la sexualidad puede ser problemático. Nadie elige su sexualidad como escoge el aderezo de una ensalada, pero para muchos no es tan sencillo como "haber nacido así".

✦ Ninguna persona tiene el poder de crear o moldear la sexualidad de otra. Concéntrate en lo positivo en vez de intentar entender "las causas".

✦ Permite que tus hijos exploren su identidad. Tal vez la forma en que se conciben hoy sea consistente o tal vez fluctúe, pero eso no invalida cómo se sienten en este momento.

✦ Pregunta y sé paciente si no recibes una respuesta positiva de inmediato. Vuelve a preguntar y busca apoyo entre quienes están viviendo experiencias parecidas.

✦ La sexualidad de uno de tus hijos no condiciona la sexualidad de tus otros hijos.

Capítulo 3: Contarles a los demás

Si bien tu hijo tiene que transitar la salida del clóset, tú también tendrás que decidir si quieres compartir esta información con tu gente cercana. Hay que tener en cuenta muchos factores, entre ellos tu comodidad y la disposición de tu hijo para compartir esta información con los demás. Quizá te preocupa a quién contarle o cómo hacerlo, y las respuestas que recibirás de la gente cercana a ti. No nada más tu hijo tendrá que salir del clóset, también tú tendrás que tomar decisiones para salir del clóset como papá de un chico o chica gay.

Todos tenemos distintas formas de compartir estos momentos. No estás obligado a contarle a cualquier persona que se te cruza enfrente que tu hijo es gay, ¡pero puedes, si quieres! Recuerda que la decisión de contarlo es personal y sólo les compete a ti y a tu hijo.

———

P: **¿Cuándo contarles a los demás?**

R: No importa si son familiares, amigos, colegas del trabajo o conocidos, contarlo dependerá de si tu hijo o tú están listos para compartir esa información. Cuando se trata de contarlo, hay muchas versiones, así que hicimos este diagrama para guiarte.

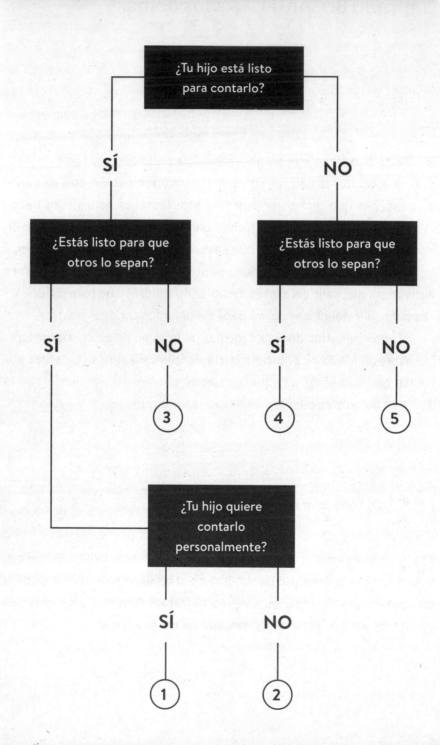

CUÁNDO CONTARLES A LOS DEMÁS

¿Tu hijo está listo para contarlo?

SÍ

NO

¿Estás listo para que otros lo sepan?

¿Estás listo para que otros lo sepan?

SÍ

NO

SÍ

NO

3

4

5

¿Tu hijo quiere contarlo personalmente?

SÍ

NO

1

2

(1) Tu hijo y tú quieren contarlo, y tu hijo prefiere hacerlo personalmente. ¡Genial! Esto quiere decir que tu hijo se está apropiando de la experiencia y, como se trata de comunicar algo muy personal, quiere hacerlo con sus propias palabras. En este caso, lo mejor que puedes hacer es darle el tiempo y el espacio para contarlo como crea conveniente, y transmitirle que siempre estás disponible si quiere hablar de cualquiera de esas experiencias. Ten la confianza de pedirle que te mantenga al tanto si hay algún cambio. Si crees que a algunas personas se les podría dificultar más que a otras, puedes platicar antes con tu hijo. A veces la gente te sorprende y responde distinto de lo que anticipaste, pero está bien compartirle a tu hijo que su tía Berta podría citarle ciertos pasajes de la Biblia y expresar sus ideas religiosas, no necesariamente positivas. Así lo previenes e inspiras a salir del clóset con ese familiar en particular de modo distinto, o con más materiales preparados. (Para más ideas sobre cómo salir del clóset con amigos y familiares religiosos consulta el capítulo 6.)

(2) Tu hijo y tú quieren contarlo, pero tu hijo quiere que tú lo cuentes. Esto también tiene mucho sentido. Tu hijo se siente cómodo consigo mismo, pero todavía no tiene la experiencia de entablar este tipo de conversaciones con familiares o amigos. Precisa de tu ayuda para abordar la tarea. Lo mejor que puedes hacer en este caso es hablar con tu hijo sobre qué le gustaría comunicar específicamente. Tal vez sólo necesita que rompas el hielo y que des la noticia: "Tío Don, Luis nos contó que es gay". Puedes contestar las preguntas en el diálogo inicial, pero es muy probable que tu hijo se sienta más cómodo para responder los cuestionamientos siguientes cuando el secreto esté revelado. Posiblemente tenga en mente qué palabras quiere que uses y tal vez necesitas que te aclare el significado de algunas; asegúrate de confirmarlo antes para que puedas comunicarlo con claridad. Consulta la pregunta "¿Qué van a pensar los demás?"

"No sabía cómo contárselo a mis amigos"

. . . .

Zoe me dijo que era gay a los dieciocho. Hasta ese momento, siempre habíamos podido platicar de todo: me buscaba porque me quería contar algo y me preguntaba si era buen momento; le decía que tenía que hacer algunas llamadas y después nos sentábamos a platicàr. Esa noche en particular, estaba acostada en mi cama, no me sentía muy bien, y Zoe entró a mi recámara. Se acostó frente a mí y me dijo: "Mamá, tengo que contarte algo". Le contesté: "¿En serio? ¿Me tienes que contar ahora?". Insistió: "Sí, ahora". Y lo hizo. Me contó que era gay.

Cuando llegó la hora de contemplar contarle a la gente sobre la sexualidad de Zoe, decidimos no hacerlo. Me daba la impresión de que, como nadie llama para decir: "Mi hija es heterosexual", ¿por qué debíamos anunciar las preferencias de mi hija? No me pareció que fuera incumbencia de nadie, a menos que Zoe quisiera contarlo. Pero desde luego, como todo, las cosas resultaron un poco más complicadas.

Pasaron un par de meses y unos amigos cercanos, que siempre han adorado a Zoe, nos invitaron a cenar. Les conté que ese día ella nos visitaba, les encantó y me pidieron que la llevara. La complicación fue que Zoe venía con su novia, Madi, y no sabía cómo explicárselo a mis amigos. En vez de encontrar las palabras, me limité a decir: "Zoe viene con una amiga". Y por supuesto, le extendieron la invitación a su "amiga".

Ese día, les conté que Madi y ella estaban invitadas a cenar, pero les expliqué que no les había contado a nuestros amigos que eran novias. Zoe me dejó muy claro que no iría, a menos que todos supieran que eran pareja. No quería mentir. Tenía sentido y era la primera vez que Zoe se ponía firme sobre algo, pero estábamos a poco tiempo de salir a la cena. No sabía qué hacer. Mi esposo sugirió que les contáramos a nuestros amigos que a Zoe se le había ido el tren para evitar la conversación. Para entonces, ni nuestra familia extendida sabía. No tenía idea de qué esperar. Así que Zoe se quedó en la casa.

Fuimos a cenar y, por supuesto, mis amigos lamentaron que Zoe no nos hubiera acompañado. En ese momento no pude mentir. Así que les dije: "De hecho, Zoe está en la casa. Quiere que les cuente que es gay y que la chica que la acompaña no es sólo su amiga, es su pareja. Y yo también quiero que sepan". No titubearon. Me preguntaron si Zoe estaba contenta y les contesté que sí, que mucho. A lo que mi amiga contestó: "Es lo más importante". Esa noche, antes de irnos, mi amigo me dijo: "Quiero que le digas a Zoe que siempre será como una hija para nosotros y que la espero a cenar para la próxima vez".

—Michele, 58

de este mismo capítulo, porque ofrece detalles sobre la plática de "Mi hijo es gay".

3) Tu hijo quiere que todos sepan, pero tú no estás listo para contarlo. Tal vez todavía estés procesando su salida del clóset y necesites más tiempo antes de compartir la noticia con los demás. Es una respuesta totalmente válida y comprensible. Tu hijo ha dedicado mucho tiempo para entenderse a sí mismo, pero para ti esto es completamente nuevo y, como tal, quizá necesites tiempo para explorar tus sentimientos. En última instancia, la decisión final es de tu hijo, pero es comprensible pedir un poco de tiempo para prepararte para tener esas conversaciones. Explícale que necesitas un poquito de tiempo para platicarlo y entenderlo mejor. Puede ser útil proponer una fecha para que los dos sepan cuándo retomar el tema. Por ejemplo: "Respeto cien por ciento que quieras que nuestra familia lo sepa, y me da gusto que te sientas cómodo y listo para platicarlo. Como esto es nuevo para mí, me encantaría que me dieras un poco más de tiempo para digerirlo y hacerte más preguntas. Me encantaría sentirme un poco más cómodo cuando la familia y los amigos me hagan preguntas. ¿Por qué no nos sentamos a hablar otra vez dentro de dos semanas y partimos de ahí? ¿Te parece?". Si están de acuerdo, asegúrate de que sea una fase corta, transitoria. Mantener a tu hijo en el clóset por tiempo ilimitado puede ser extremadamente nocivo para su bienestar, pues crea un entorno en el que siente que tiene que mentirle a su gente cercana sobre su identidad.

4) Quieres contarlo, pero tu hijo no está listo. En este caso, tu hijo no se siente cómodo con la idea de que los demás se enteren sobre su sexualidad y primero ha acudido a ti para revelarlo. Para cualquiera, salir del clóset es un paso enorme, y es importantísimo tener cierto control sobre quién sabe y cómo se entera. Si tu hijo no está listo para que los demás se enteren, debes respetarlo. Es un proceso para los dos, pero en este momento la prioridad es suya. Dale tiempo para ubicarse, cómo se siente consigo mismo haber salido del clóset y contigo, antes de obligarlo a contárselo a los demás o contarlo en tus términos. Vuelvan a platicar en uno o dos meses, a ver cómo se siente para entonces.

5) Tanto tu hijo como tú tienen dudas. En este caso es importante recordar que contarlo no es una obligación. No es responsabilidad de ningún miembro de la comunidad LGBTQ manifestar detalles sobre su identidad, es una elección personal. Por ahora, está entre tu hijo y tú, y esa relación es la más importante. Apóyalo e intenta hablar de por qué tienen dudas. Cuanto más cómodo te sientas platicando con tu hijo, más cómodos se sentirán ambos con la idea de compartirlo, si quieren hacerlo en el futuro.

P: ¿A quién debería contarle? ¿A sus hermanos o hermanas? ¿Sus abuelos? ¿El cartero?

Salí del clóset en mi casa a los diecisiete. Mi hermana Alyson tenía doce. Mi mamá estaba convencida de que Alyson "era demasiado joven para enterarse" y que, de algún modo, tener una hermana gay podría influir en cómo entendía su propia sexualidad. En términos claros, mi mamá no quería que mi influencia volviera gay a mi hermana. No estuve de acuerdo con su lógica, pero sentía que debía hacer todo lo posible por obtener la aprobación de mi mamá, así que estuve de acuerdo. Le conté a mi hermana tres años después, cuando tenía quince. Como siempre sospeché, se encogió de hombros y se concentró en temas de conversación más importantes como el origen de los dinosaurios y los detalles de la biografía de Einstein (le gusta mucho la ciencia) y nuestra relación nunca cambió. En ningún momento consideró que mi sexualidad afectaría la suya. Es heterosexual, le gustan los chicos, los ama, sus parejas son chicos, como siempre. En retrospectiva, me hubiera gustado contarle al mismo tiempo que al resto de mi familia porque incluso entonces sabía que no era "demasiado joven". Soy su hermana y esto es parte de quien soy.

—Kristin

R: Si tu hijo se siente cómodo con la idea de que compartas asuntos de su identidad con los demás, puede ser un poco abrumador decidir a *quién* contarle. Que te quede claro que no estás obligado a contarle a absolutamente todo el mundo que es gay. Sin duda, no acostumbrabas a compartir que tu hijo John era heterosexual antes de que saliera del clóset. Cuando tienes un hijo gay es lo mismo. No es necesario hacer un anuncio masivo, a menos que así lo quieras o que exista una razón puntual para hacerlo.

En general, querrás contárselo a tus personas queridas, a quienes has conocido desde hace mucho tiempo, porque es probable que sean las personas a quienes recurres para compartir temas personales, así que puedes hablar con ellas con la misma honestidad de siempre. Contarles a tus amigos más cercanos te permitirá compartir tus ideas en torno al nuevo novio de tu hijo, igual que si estuviera saliendo con una chica. Cuando se trata de personas fuera de tu círculo cercano de amigos y familia, depende de cada caso. Si vives en una zona conservadora, quizá decidas mantener su vida personal en el ámbito privado. Aunque no siempre es el caso. Se trata de una decisión personal; siempre y cuando tu hijo y tú se sientan centrados y apoyados, estarán haciendo lo correcto. No hace falta contarle al cartero, pero si estás orgulloso de tu hijo y, de casualidad, cuando recibes tu correo, traes puesta una camiseta del orgullo gay, entonces, si quieres, puedes explicar por qué.

Como hay muchos grupos diversos con quienes querrás (o no) compartir esta información, daremos más detalles en las próximas páginas.

LOS HERMANOS Y LAS HERMANAS

A menudo será decisión de tu hijo contarles a sus hermanos, al igual que fue su decisión decírtelo cuando estuvo listo y en sus propias palabras. Sin embargo, hay ocasiones en las que te pedirá que les cuentes a sus hermanos. Tal vez tu hijo prefiera que empieces la conversación si le está costando encontrar el mejor momento. Quizá cuenta contigo para facilitar la conversación o fomentar ese primer diálogo. También es posible que ya no viva en casa, que esté en la universidad, por ejemplo, y sus hermanos menores sí vivan en casa.

Si tu hijo te pide que empieces la conversación con sus hermanos entonces, adelante, debes contarlo. La manera dependerá de la relación personal (y diversa) que tengas con tus otros hijos. Cuando hables con ellos asegúrate de explicarles por qué les estás contando, que apoyas y amas a todos, y que pueden acercarse a tu hijo en cuestión o a ti, si tienen dudas.

Quizás estés dudando si compartirlo con tus otros hijos porque te preocupa su edad y creas que son muy jóvenes para entender. Los niños nunca son muy jóvenes para entender las diferencias entre la gente; al contrario, están mucho mejor equipados que quienes han tenido toda la vida para aprender lo "bueno" y lo "malo". Los niños tienen mucha más flexibilidad a la hora de entender que es posible que la gente se ame más allá de la combinación de chicos y chicas. Sé breve. *A John le gustan los chicos, así como a papá le gusta mamá,* basta para comunicar el mensaje. La mayoría de los niños pequeños responderá con un par de preguntas, y después irán a ver la tele. En la sección de Recursos (página 195) incluimos una lista de libros para niños que pueden facilitar esta conversación.

LOS ABUELOS Y OTROS FAMILIARES

Contarles a tus padres o a tus suegros puede ser complicado. Si los abuelos gozan de buena salud entonces la decisión de contarles dependerá de los mismos factores (o parecidos) que aplican para el resto de la familia. Contarle a la familia extendida es distinto para cada integrante. Puede ser de golpe o gradual. Tal vez quieras empezar con tus padres o puedes dudar por varios motivos.

A Michele (cuya hija, Zoe, le dijo que era lesbiana cuando tenía dieciocho años) le costó muchísimo trabajo contarles a sus padres. Sentía que, de algún modo, en vista de que su hija era gay, su madre y su padre minimizarían sus capacidades como madre. Creía que considerarían la sexualidad de Zoe como consecuencia de no haber sido buena madre. "Me costó mucho trabajo superarlo. Sentía que los había decepcionado", recuerda. Cuando Michele preguntó a sus padres qué pensaban de la sexualidad de Zoe, confesaron que no habían sabido reaccionar porque cuando Michele se lo había contado, ella había llorado. Sus padres sólo habían querido apoyar a *su* hija y, por ello, no habían tenido la oportunidad de expresar que apoyaban a su nieta en ese primer diálogo.

A muchas familias se les dificulta contarles a los abuelos por su edad o salud. No quieren ocultar información y, al mismo tiempo, saben que podría causar estrés innecesario o ser muy confuso en el contexto de la experiencia de una persona mayor. Si tu hijo o tú sienten constantemente que están ocultando algo, entonces revelarlo seguro será la mejor decisión. Si ambos sienten que pueden compartirles prácticamente todo lo demás, pero que contar esto contribuirá de manera innecesaria a su estrés o temas de salud, entonces quizá sea mejor guardárselo. Nadie como ustedes conoce mejor a su familia, así que tendrán que usar ese conocimiento para tomar la decisión. Valoren todos los factores y procuren elegir la alternativa que los deje más tranquilos. No existen las respuestas incorrectas.

TUS COLEGAS

Cuando se trata de compartir con los colegas, o cualquier otra persona con quien convivas de forma regular (aunque no por ello personal), cada decisión será distinta. Quizá cada que pasas por la oficina de tu jefa, te pregunta: "¿Cómo está tu hijo? ¿Tiene novia?". Tal vez este tipo de preguntas te incomodan y terminas murmurando de mala gana una respuesta rápida para salir del paso, o sirvan de estímulo para que respondas: "No, de hecho, a mi hijo no le gustan las chicas, pero cuando tenga novio, te platico". Esa interacción es muy parecida a los muchos momentos que vive tu hijo en su día a día, y te pueden dar una idea de lo complicado que puede ser salir del clóset.

Si te sientes cómodo hablando abiertamente sobre la sexualidad de tu hijo, entonces responde esas preguntas con honestidad. En términos generales, es más fácil salir del clóset como padre de un chico gay cuando la conversación ocurre de manera natural, y no requiere subirte a tu escritorio para gritar: "¡Mi hija es gay!". También es posible que no sea realista ser completamente franco en tu lugar de trabajo o que no quieras serlo. Quizá te preocupen las repercusiones de platicar sobre la sexualidad de tu hijo. O bien, en tu trabajo prefieres mantener tu vida privada al margen. Como con todo, tu hijo y tú deberán tomar esta decisión. Si dudas sobre contarle a tus colegas, asegúrate de explicárselo con claridad a tu hijo. Es importante que sepa que no estás guardando el secreto porque te avergüences, sino porque te preocupa que la respuesta de los demás genere un ambiente laboral negativo en general, o porque no te gusta hablar de *ningún* tema personal en la oficina.

EL CARTERO

Hay muchas personas en tu comunidad que son conocidos y nada más. A lo mejor ves a tu cartero un par de veces a la semana, intercambies comentarios amables con el dueño de la tintorería o platiques con la empleada del supermercado de la esquina. No hay razón alguna para que te sientas obligado a contarle a nadie los detalles de la sexualidad de tu hijo, sobre todo si su relación es superficial. De igual modo, si estás en una conversación que dé pie o indique que tu hijo es gay, tal vez decidas responder con honestidad. Verás que estos diálogos y tu decisión sobre cómo abordarlos, variarán. En ocasiones, la honestidad saldrá natural y, en otras, será más fácil disimular la verdad y seguir con tu día. Tu hijo tiene las mismas experiencias en su vida cotidiana, y es normal que confíes en tu instinto con cada experiencia individual.

Recuerda que estás explorando un nuevo territorio, y nunca debes sentir presión ni obligación para compartir algo que no quieres. En ciertas situaciones podrías decidir guardarte las cosas y, más adelante, sentirte más cómodo y decirlas. Nadie debería juzgarte por tomarte tiempo para procesar esta nueva información. Procura no darle demasiadas vueltas y tente paciencia. Cuando decidas compartirlo con los demás, recuerda que no tiene que ser una conversación seria y detallada; su respuesta depende mucho de tu mensaje. Tendrás momentos incómodos, como todos. Muchas cosas mejoran con el tiempo y la práctica, e incluso las charlas más incómodas también.

"Cuando una persona se enteró, todo el mundo se enteró"

. . . .

¿Te ha pasado que a veces, cuando le cuentas a una persona, es como si le hubieras contado a todo el mundo? Pues más o menos eso me pasó cuando salí del clóset. Tenía diecisiete años, estaba en la preparatoria y vivía en un pueblo pequeño de Carolina del Norte. Mi papá era rabino en el Movimiento Reconstruccionista Conservador Judío y mi mamá, profesora de inglés. También debería añadir que, antes de que saliera del clóset, mi mamá había dado clases como "Las mujeres y la literatura" o "Literatura gay y lésbica". En general, mis padres eran muy abiertos.

Al principio, no quería que nadie más se enterara, a menos que me sintiera listo o tuviera el control de la situación. Tendría que haber sabido que no iba a pasar, porque mi mamá le contó a mi papá pocas horas después de que salí del clóset. Fue cuestión de tiempo para que los demás se enteraran. Pronto, mis padres les contaron a algunos de sus amigos cercanos. Deborah fue una de ellas; era miembro muy cercano de la sinagoga de mi papá. También era muy amiga de la familia y parte de muchos acontecimientos, como el Séder de Pésaj, etcétera. De cierta forma era como una figura materna para mis padres. Había brindado consejos sabios y apoyo a mi familia cuando la necesitamos, por lo que no me sorprendió que haya sido una de las primeras en quienes mis padres confiaron.

En cuanto una persona en la congregación se enteró de mi orientación sexual, prácticamente todo el mundo se enteró. De cierta forma es la base de cómo funciona nuestra cultura: le cuentas a una persona, ésta le cuenta a un grupo de personas y luego a otras, y así sucesivamente. Ahora, cuando visito a mis padres, no importa si conozco o no a una persona, estoy casi seguro de que saben, más o menos, que me gustan los hombres.

Debido a estas circunstancias, me vi obligado a hacer las paces con mi sexualidad muy rápido, a soltarlo y preocuparme menos por lo que los demás pensaran. Si soy honesto, me siento más cómodo con que la gente sepa y considero que el hecho de que mis padres hayan compartido la noticia con la congregación creó conciencia sobre la idea de ser gay y judío en una ciudad pequeña y conservadora. También pudo haber ayudado a quienes pensaban salir del clóset.

Cuando visito a mis padres en Día de Gracias para comer las célebres papas con romero o en Janucá para los crujientes *latkes* de papa (y por supuesto, para ver a mi familia), a veces los acompaño al templo. Después de tantos años, la mayoría de los congregantes sabe que soy gay, pero, de vez en cuando, alguna señora mayor intenta presentarme a una chica. Tal vez no recibieron el oficio.

—*Dan, 29*

P: Mi hijo no quiere contarle a mi pareja. ¿Qué hago?

R: Existen muchos motivos por los que tu hijo salió del clóset contigo, pero no con tu pareja. Una de las más frecuentes es que se siente más cómodo compartiendo sus asuntos personales contigo o bien, le preocupa que tu pareja no sea tolerante. El primer paso para abordar esta situación delicada es hablar con él sobre su decisión, preguntar qué plan tiene. A lo mejor quiere que tú inicies esa conversación con tu pareja o esperar a sentirse con la confianza de hacerlo. Traza un plan con tu hijo que contemple sus sentimientos y necesidades, pero, al mismo tiempo, que respete la relación de confianza que tienes con tu pareja.

Si el motivo principal es que tu hijo no se siente cómodo para hablar con tu pareja, tal vez te pida que tú lo hagas. Eso no quiere decir que nunca vaya a hablarlo con tu pareja por sí mismo. Pero pronunciar esas primeras palabras suele ser el momento más difícil de salir del clóset, así que quiere que le ayudes a dar ese primer paso. Explícale que le contarás a tu pareja, pero que también quieres fomentar que platiquen entre ellos después. Cuando le cuentes a tu pareja que tu hijo te pidió comunicarle la noticia, asegúrate de expresar lo difícil que es ese primer momento de salir del clóset para cualquiera. Tu pareja debe saber que la decisión de tu hijo de contarte primero no es consecuencia de sus deficiencias como padre, y que lo mejor que puede hacer es apoyarlo. Esto puede ser un gesto tan sencillo como acercarse a tu hijo, tomarle el hombro y decir: "Quiero que sepas que te quiero, pase lo que pase. Si necesitas algo, sólo tienes que decirlo". Según la relación que tu pareja tenga con él, puede ser algo incluso más sutil. Mientras tu pareja exprese o demuestre su opinión y tu hijo se sienta apoyado, todos habrán hecho un gran trabajo.

Si tu hijo pidió específicamente que *no* compartieras la información con tu pareja, entonces deben hablar a fondo para abordar tu postura en esta situación. En los momentos posteriores a salir del clóset, la confianza y la paciencia son extremadamente importantes, de modo que si tu hijo te pide unas semanas para armarse de valor, ten paciencia y respeta sus deseos. Sin embargo, si te dice que no tiene intención de contarle a tu pareja, te pone en una situación muy difícil. Si sabes que tu pareja apoyará su sexualidad, entonces explícale a tu hijo que no puedes ocultar esta información a alguien con quien compartes tu vida. Puedes y debes decirle que entiendes sus dudas y estás dispuesto a darle tiempo, o ayudarle a encontrar la mejor manera de generar la conversación, pero debe contemplar un escenario en el que te sientas cómodo como parte de una pareja.

Si tu hijo ha guardado este secreto porque, de hecho, tu pareja no lo apoyaría, entonces las cosas se complican. En este caso, debes compartir tus preocupaciones con tu hijo. No tienes que fingir que tu pareja lo va a aceptar si estás casi seguro de que le va a costar trabajo digerir esta información. Habla con tu hijo y dile que harás todo lo que esté en tu poder para facilitar la situación. En esos primeros momentos, exprésale que estás de su lado y le ayudarás a hacerle frente a sus sentimientos. Al salir del clóset, en esas primeras etapas es clave estar en un ambiente amoroso y seguro, así que mantener la información entre ustedes, por el momento, será la mejor decisión. Hasta que tu hijo esté listo para tener esa conversación (o para que tú des pie) lo más importante es tu apoyo constante. Por otro lado, permítele a tu pareja experimentar los muchos sentimientos que esta información genera. Recuerda que la reacción inicial no indica cómo serán las cosas siempre. Es una posición difícil, pero en la medida de lo posible, transmite tu apoyo a tu hijo y hazle saber a tu pareja que estás dispuesto a escuchar, dialogar y descifrar la mejor salida para todos los involucrados. Habla con tu pareja sobre la familia en general, y

asegúrate de que sepa que no se trata de enemistar a nadie ni de tomar partido por ninguno.

Sin embargo, mediar entre tu pareja y tu hijo no debería ser una
situación permanente. Está bien que ayudes a ambos, pero todos tenemos límites. Mientras estás en tu papel de mediador asegúrate de
tener alguien con quien hablar. Ya sea asistir a las reuniones de familias y amigos de lesbianas y gay o confiar en tu mejor amigo o un familiar cercano. No tienes que hacer esto solo. Puedes seguir apoyando a
tu hijo y ser paciente con tu pareja, pero también recuerda cuidarte.

P: ¿Qué va a pensar la gente?

*Recuerdo un día que pasé rápido a la oficina de correos y traía puesta
una camiseta con el nombre de mi fundación, Everyone Is Gay. No acos-
tumbro a ponerme cosas con arcoíris ni a proclamar que soy gay a los
cuatro vientos, pero acababa de recibir la camiseta por mensajería y me
invadía tanta emoción que no lo pensé dos veces y me la puse. Como,
para empezar, todo el mundo está de malas en la oficina de correos, me
convencí de que alguien se burlaría de mí, susurraría o me haría sentir
incomodidad. Sin embargo, como suele pasar, recibí una grata sorpresa.
Cuando me acerqué al mostrador, la mujer que me iba a atender gritó
(fuerte), "¿Todos son gay? ¡Es cierto! ¡Soy gay! Mi marido es hombre,
pero quiero decir que me encantan los arcoíris y me caen muy bien los
gay". Empezamos a platicar y me preguntó sobre la fundación. Semanas
después, terminé regalándole una camiseta. Hasta ese momento, se me
había olvidado que a veces la gente te sorprende.*
 —Dan

R: A decir verdad, es imposible predecir cómo va a reaccionar la persona a quien le cuentes sobre la sexualidad de tu hijo hasta que lo haces. Es normal que ese primer acercamiento te haga sentir incómodo. Como padre de un chico gay ya sabes cómo es salir del clóset. Y ésta puede ser una experiencia absolutamente útil para entender a tu hijo, porque muchas de las cosas que te preocupan en esa primera etapa es lo que siente tu hijo cuando sale del clóset repetidas veces en diferentes contextos.

Nos da la impresión de que cuando se trata de comunicar la sexualidad de nuestros hijos o hijas a terceras personas debemos ser extremadamente serios, pero no siempre es así. Si bien no puedes controlar ni dictar lo que alguien más piense de la sexualidad de tus hijos, sí puedes abordar esos intercambios con ligereza. Guíate por tus sentimientos para comunicarte con la gente. Si estás confundido y expresas que necesitas que alguien te escuche y oriente, tu interlocutor así lo entenderá. Si los citas para darles un discurso muy solemne, entonces asumirán que su reacción debe ser igual. No creas que la conversación tiene que ajustarse a un tono o un momento puntual; si te sientes listo, puedes hablar con tu mejor amigo mientras está preparando pasta un miércoles por la tarde. En conclusión, cada quien recibirá esta noticia a su manera, pero cuando te muestras abierto para recibir una respuesta y preguntas honestas, entonces todos se sentirán cómodos.

Habrá quienes respondan sin titubear. Te harán preguntas que tienen sentido, compartirán anécdotas sobre sus propios hijos e hijas y te asegurarán que puedes contar con ellos.

Catalina (su hijo Daniel salió del clóset a los quince años) recibió respuestas muy positivas de amigos que anteriormente habían expresado opiniones no tan positivas sobre la comunidad gay. Muchos conocían a Daniel de niño y a Catalina le dio la impresión de que Daniel personificaba la palabra *gay*. "Cambió a muchos de nuestros amigos, los ayudó. Ahora son muy protectores con Daniel", relata. Estas respuestas son muy alentadoras y te harán sentir de inmediato que tu hijo y tú tienen apoyo y comprensión.

Otros no responderán con el mismo apoyo incondicional desde un principio y podrían hacer comentarios o preguntas incómodas. Responde de la mejor manera posible e intenta no sentirte presionado o a la defensiva. Es fácil reaccionar con molestia cuando alguien te pregunta: "Pero ¿cómo sabe Matthew que es gay?", dan ganas de gritar: "¡No importa! ¡Lo amo y eso es lo importante!". En esos momentos recuerda que tú mismo te hiciste las mismas preguntas (las cuales incluimos en este libro) y que éste es un proceso para *todos*, no sólo para tu hijo y no sólo para ti. Concede a estas personas una oportunidad, no te cierres y concluyas la conversación. Explícales que hay cosas que pueden resultar ofensivas. Platica sobre tu experiencia al apoyar a tu hijo. Ten paciencia. Muchas de estas reacciones que no parecen perfectas son los primeros pasos en un sendero que termina con comprensión y apoyo incondicional.

De vez en cuando, te encontrarás con personas que, en esencia, discrepan contigo o con el estilo de vida de tu hijo. En estos casos es mejor aceptarlo. Podrá no ser ideal, pero siempre y cuando no pretendan obligarte (o a tu hijo) a modificar sus creencias o conductas, es posible conservar esas relaciones con el mismo cariño y respeto de siempre. Sin embargo, si alguien pretende hacerte cambiar de ideas, es un reto mucho mayor y podría suponer una barrera para que esa amistad continúe. No esperes esta respuesta de todo el mundo, aunque la mayoría tiene la apertura para reconciliar creencias discrepantes. Si en algún punto te sientes herido, recuerda que quieres rodearte de personas que te quieran y apoyen. Muchas conversaciones terminarán sorprendiéndote para bien, y muchas te enseñarán cosas maravillosas de la gente que has conocido y amado desde hace años.

A fin de cuentas, lo importante es tu relación con tu hijo. Con-céntrate en rodearte de las personas que te brindarán el cariño y apoyo que necesitan.

EN RESUMEN

✦ Cuando platiques sobre la sexualidad de tu hijo también vas a tener tu propia experiencia de salir del clóset. Esto te puede ayudar a entender cómo se siente él cuando lo comparte.

✦ Platica con tu hijo: ¿quiere que se lo comuniques a terceras personas? Si es así, piensen cómo.

✦ Puedes apoyar a tu hijo y, al mismo tiempo, tenerle paciencia a tu pareja que no está de acuerdo, pero también recuerda cuidarte.

✦ Amigos y familiares también experimentarán esta noticia como un proceso. Dales la oportunidad de equivocarse en esa primera reacción, ten la disposición de responder sus preguntas y platicar sobre qué les preocupa.

✦ Haz lo posible por rodearte de una comunidad que apoye a tu hijo y a ti.

Capítulo 4: Pensar en el futuro

Al margen de la sexualidad de tu hijo, es normal que te preocupe su futuro, cómo ayudarle a aprovechar todo su potencial y cómo se desarrollará su vida en los próximos años. Sin embargo, cuando sale del clóset estas preguntas pueden parecer incontrolables y resultar confusas y abrumadoras. Quizá te preocupen cosas como la discriminación, sus opciones laborales, las posibilidades de que tenga una familia, interrogantes para las que no tienes las respuestas. Preocuparte por el futuro de tus hijos es parte de tu labor como padre; es comprensible que te sientas perdido cuando eres papá de un chico o chica gay. Muchas preocupaciones son completamente nuevas y quizá no te sientas preparado para abordarlas.

Por fortuna para tu hijo, para ti y para todos, es que nuestro mundo está cambiando para bien, y los recursos para responder a tus preguntas nunca habían sido tan abundantes. Es fundamental que, cuando afrontes estos temas, te informes y le preguntes a tu hijo cómo ve su futuro. Buscar apoyo en el exterior también es muy importante. Ninguna de estas acciones te dará control sobre el porvenir, tampoco una idea completa o precisa sobre lo que les espera, pero al menos te permitirán sentirte menos aislado y confundido. En última instancia, tu hijo encontrará su camino en la vida, pero lo hará acompañado por el apoyo, amor y orientación que le brindes. Concéntrate en mantener abierta la comunicación y en reunir información que te ayude a tener una idea más clara de cómo podrían ser los años próximos. Esto aliviará algunas de tus preocupaciones y les permitirá pensar en el futuro como un equipo, con apertura y emoción.

––––––––––

P: Nunca imaginé que la vida de mi hijo sería así.

Tengo muchísimos recuerdos de mi madre sacudiendo la cabeza y haciendo comentarios del tipo: "Pero... eres tan bonita" o "¿Qué va a pasar con tu futuro?". Nunca los entendí. ¿Acaso no podía ser gay y bonita? ¿Y feliz? ¿Y tener un buen futuro? Sin embargo, me di cuenta de que, mientras yo crecía, ella se había hecho una idea sobre mi futuro. Y le resultaba sumamente difícil quitarse esa perspectiva de la cabeza. Durante casi veinte años se había imaginado un porvenir muy específico, y esta verdad (mi homosexualidad) lo cambiaba por completo. El hecho de que me gustaran las chicas le impedía alcanzar la imagen que se había creado. Mi mamá sufría porque ya no sabía cómo sería mi futuro.
—Dan

R: Nadie tiene una visión clara de cómo será cuando crezca; esa idea no puede ser inalterable y no hay ninguna certeza de que así se desenvolverá su vida. La vida no obedece expectativas, reglas o manuales. Con frecuencia, nos encontramos en un momento particular de nuestra vida y pensamos: "Nunca me hubiera imaginado esto, pero aquí estoy, y ahora no me lo podría imaginar de otro modo". Muchas veces, cuando ya nos acostumbramos a esa nueva realidad, nos invade la sensación de que siempre ha sido así o que así estaba predestinado desde el principio.

Lo más complicado de estos altibajos es aceptar algo nuevo, inesperado o que no nos habíamos imaginado. Michele (su hija Zoe salió del clóset a los dieciocho) había visto a su hija en muchos noviazgos con chicos durante toda la preparatoria, así que se había hecho una idea muy clara de cómo sería su futuro. "Imaginaba que sería una mamá increíble, que su esposo sería maravilloso, tendrían muchos hijos y un perro. Creía saber qué seguía para ella, pero entonces se materializó esta otra idea", explica.

Es probable que tú también hayas imaginado cómo sería tu hijo de adulto. Sin duda, tu entorno influyó en esas ideas, así como tus propias experiencias. Quizás algunas de esas perspectivas también corresponden a cosas que te hubiera gustado lograr a su edad. A lo mejor imaginaste que estudiaría determinada carrera, que se vestiría de cierta forma, que se casaría, tendría una familia o una carrera exitosa. Si no eres gay, seguramente no imaginarías que tu hijo lo sería. Si, en general, no conoces a muchas personas gay, entonces no tienes las herramientas para incorporar esas posibilidades en tu visión de la vida. Pensamos a partir de lo que conocemos. Cuanta más información tengas sobre qué implica un futuro "gay", mejor podrás mitigar esa confusión.

Pregúntate qué aspecto en especial está destrozando la idea que tenías del futuro de tu hijo. ¿Qué te desorienta tanto? ¿Se trata de la posibilidad de que te presente a alguien que no sea del género que habías esperado? ¿O que vincule su orientación sexual a una serie de ideas relacionadas con la familia, la conducta, la vestimenta, la política y la religión? Desarma las piezas para analizarlas, una a una, en vez de abordar un montón de sentimientos enredados. Si descubres que tu principal miedo recae en que a tu hija le gusten las chicas, asume que está bien si tu reacción inicial es sentirte confundido, incómodo o inseguro. No vas a albergar emociones perfectas y alentadoras desde el inicio. Tenle paciencia a esos sentimientos y temores iniciales. Reúne las herramientas que necesitas para ajustarte a una nueva (y siempre cambiante) idea del futuro de tu hijo. Necesitas desentrañar qué significa todo esto, cómo será y cómo se sentirá para sentirte cómodo en este nuevo entorno.

Hay muchas maneras para empezar a entender mejor las nuevas estructuras familiares y otras experiencias vitales que coinciden con la comunidad LGBTQ. Leer libros, ver documentales y hablar con otras personas que hayan pasado por experiencias similares son excelentes herramientas para aceptar tus sentimientos y reflexionar. Participar en estas actividades te ayudará a transitar este proceso y a hacerte una idea nueva, y tal vez más flexible, de la vida de tu hijo. En la sección de Recursos (página 195) incluimos una lista de videos, libros y otros materiales sugeridos. Da un paso a la vez, porque si llevas diez años o más con las mismas expectativas, no las podrás sustituir de la noche a la mañana.

Si estás conectando la sexualidad de tu hija con una serie de piezas en el rompecabezas identitario de su futuro, espera un momento. No hay nada sobre su sexualidad que influya necesariamente en otros elementos que constituyen su identidad. Si bien, para algunos, la sexualidad interviene en su estructura familiar o profesional, no es así para todos. Cuando se trata de los planes de su futuro, sus deseos siempre te sorprenderán, sin importar que sea gay. Cuando se trata de preguntas existenciales, lo mejor que puedes hacer es hablar con él. No asumas que su sexualidad condiciona sus intereses en la religión, la política o la familia, ¡pregunta! Pídele que te diga qué opina sobre la familia, su carrera profesional; averigua qué le inspira y aprovecha sus respuestas para reimaginar su futuro. Recuerda que lo que nos motiva en un capítulo de nuestras vidas puede distar mucho de lo que anhelamos en otro. Intenta digerir la realidad de tu hijo como algo que existe ahora, en el presente. Los sueños y anhelos que albergamos cambian con los años, así que debemos estar dispuestos a aceptar que les pasa igual a nuestros seres queridos, así como ser pacientes con nosotros mismos para atravesar por esos ajustes.

P: ¿De ahora en adelante mi hijo o hija va a tener nuevos intereses?

R: Para muchos, salir del clóset no sólo gira en torno a la sexualidad, se trata de entender el panorama completo de quiénes son a través de otra lente. Esto no siempre implica cambios drásticos de intereses: algunas personas salen del clóset y siguen teniendo los mismos pasatiempos, gustos y estilos. Sin embargo, hay quienes, cuando se sienten más cómodos para expresar su sexualidad, también empiezan a identificar otros rubros de su vida en los que no estaban siendo tan auténticos.

Así, tu hijo podría explorar nuevas formas de vestir, leer distintos libros, escuchar otra música o tener nuevos amigos. Este proceso de autodescubrimiento es muy personal y único. No asumas que sólo por su sexualidad, de repente, va a tomar clases de dramaturgia en vez de seguir jugando básquet, o que ahora va a necesitar un montón de camisetas oscuras.

Si te abruma que tu hija haya decidido cortarse el pelo o que tu hijo ya no esté viendo su serie favorita, está bien, es comprensible. Siempre has conocido a tu hijo y ahora no estás seguro de la procedencia de estos cambios y por qué no pudiste anticiparlos. Según lo que tu hijo esté experimentando, a veces las cosas pueden parecer muy drásticas y anómalas con respecto a su conducta previa. En esos casos, es importante distanciarte para examinar su trayectoria general y pensar en esta exploración como parte de un todo. Algunos de estos nuevos intereses van a florecer, otros van y vienen, mientras se conforma su identidad.

Robbie, quien salió del clóset a los quince años, cuenta que al principio creía que la experiencia de salir del clóset sería el "punto de inflexión definitivo", y creyó crucial evaluar todos los aspectos de su vida bajo esta nueva luz. Al poco tiempo, se descubrió regresando a las cosas que fueron importantes en su vida antes de salir del clóset. "Salir del clóset no me cambió como individuo y resurgieron las cosas que siempre me interesaron", reflexiona.

Ya hemos dicho esto muchas veces, pero vale la pena repetirlo: si tienes dudas, pregunta. Si observas nuevos patrones o conductas y te gustaría entenderlos mejor, puedes (y debes) hablar con tu hijo. Intenta no preguntar o sugerir que es infeliz con los cambios, tampoco insinúes que esta "etapa" no refleja su yo "verdadero". Mejor plantea preguntas abiertas, como: "Oye, ¿en dónde conociste a Todd y a Jennifer? Parece que son buena onda" o "Me di cuenta de que ya superaste tus Adidas y ahora te encantan los Converse, ¿son más cómodos o sólo te gusta cómo se te ven?". Fomentar este tipo de conversaciones te ayuda a entender mejor su lógica y los hace sentir apoyados.

También permite que ellos te cuenten los detalles. En vez de preguntar: "¿Quieres ir a la boutique alternativa en la que todos los empleados usan piercings en la nariz y pelo rosa?", mejor: "¿Quieres ir de compras? ¿Adónde?". Nadie quiere sentir que su identidad define sus opciones o la percepción que los demás tienen de ellos. Incluso si tu hijo quiere ir a la boutique alternativa no debes asumir que quiere ir ahí para reafirmar su identidad, su independencia y sus propias decisiones. Si lo juzgas de esa manera, también lo estás juzgando a partir de su sexualidad. Deja que él te sorprenda.

Por último, date la oportunidad de aprender y cometer errores. Vas a tener experiencias en las que le compres algo que hace tres meses le hubiera encantado y ahora, a su parecer, no refleja quien es, para nada. No es tu culpa y no significa que no conozcas a tu hijo, simplemente quiere decir que está intentando entender su identidad y no es consciente de cómo te afecta el cambio. En esos momentos en los que te sientes inseguro, asustado o perdido, piensa en las características de tu hijo que sabes que nunca cambiarán: su pasión, sus valores, esa sonrisa boba que se le dibuja involuntariamente cuando algo le da un poco de vergüenza, cómo tapa y destapa el bolígrafo cuando hace la tarea, los chistes que le cuenta a su primo y lo mucho que te ama. Encuentra esas constantes y recuérdalas para brindarte estabilidad en una época en que las cosas están cambiando. Es parte de crecer y, aunque a veces el cambio gire en torno de la sexualidad, tiene más que ver con que tu hijo está descubriendo el mundo a su alrededor.

P: **Mi hijo o hija es bisexual. ¿Esto quiere decir que después puede elegir ser heterosexual?**

R: Si tu hijo salió del clóset como bisexual posiblemente quiere decir que le atraen tanto los hombres como las mujeres. Esa atracción puede ser física, emocional, romántica o una combinación de las tres. Si tu pregunta es: "¿Si mi hijo dice que le gustan los chicos y las chicas, quiere decir que puede terminar saliendo con una chica?", entonces la respuesta es: ¡sí, es posible! No obstante, incluso si tu hijo termina casándose con una mujer, es muy probable que se siga identificando como bisexual. Tener una pareja del género opuesto al tuyo no implica que seas "hetero", significa que, en ese momento de tu vida, estás comprometido con esa persona y el género de esa persona. Si has tenido más de una pareja en tu vida, entenderás que tus sentimientos por tu pareja actual no suponen que nunca te haya atraído o hayas querido a otra persona. Nunca dirías: "Sólo me gustan las mujeres que usan lentes", si tu esposa usa lentes, porque es casi seguro que, antes de casarte, te gustaron muchas personas con vista perfecta.

Si te preguntas por qué la bisexualidad te confunde y no sabes qué implica, ten en cuenta que el significado varía para cada persona. A algunos sólo nos atrae un género; a otros, muchos; y para algunos

"Cómo veo mi futuro"

. . . .

Les conté a mis padres que era gay en una carta que les escribí desde la universidad, y me llamaron para hablar. Me dijeron que me querían y apoyaban siempre, y me sentí muy aliviada. No hablamos de mi orientación sexual hasta casi un año después, pero ya había saltado ese muro tras años de ocultarles aspectos importantes de mi vida.

Un par de días después de nuestra llamada, recibí una carta de mi madre. Cuando vi la dirección del remitente me preocupé de que hubieran cambiado de opinión y no quisieran aceptarme. ¿Acaso no estaban seguros de que querían que llevara a mi novia o les preocupaba que entrara en conflicto con sus fuertes creencias religiosas?

Sin embargo, en cuanto vi la letra cursiva de mi madre en las dos caras de la hoja de cuaderno, supe que mi decisión de salir del clóset había sido la correcta. Mi mamá escribió para resaltar, otra vez, que me amaba y que quería que yo lo tuviera por escrito para cuando pasara por algún momento difícil. En la segunda página me preguntó algo que se le había ocurrido desde nuestra llamada. ¿Acaso mi sexualidad afectaba mis planes para el futuro?

Al principio, la pregunta me tomó por sorpresa. Hacía seis años que sabía que era gay y, con esa información en mente, ya había pasado por la fase de "decisiones fundamentales" que siguen después de la preparatoria. Escogí una universidad lejos de casa, no sólo porque la escuela era la mejor, también porque la distancia me daba la libertad para probar mi nueva identidad, sin preocuparme por qué diría la gente que había conocido toda la vida. Había elegido clases para aprender más sobre sexualidad e incluso había elegido mi proyecto de investigación porque me interesaban las representaciones de personajes queer en la literatura. Me inscribí en una alianza gay-hetero en la universidad y me hice de un círculo cercano de amigos gay.

Mi orientación *ya* había alterado mis planes a futuro, pero en el sentido de que estaba disfrutando un periodo de descubrimiento y pertenencia que nunca tuve. Y en otros aspectos, salir del clóset no alteró por completo cómo quería vivir: seguía practicando deporte, estudiando literatura y con la idea de encontrar a alguien para compartir mi vida. Pero, para mis padres, salir del clóset añadía nueva información a sus ideas de cómo sería mi vida. Me preguntaba si esperaban que todavía les diera otra noticia, que de pronto renegara de lo que hasta entonces había valorado. No era mi intención, de hecho mis amigos gay desafiaban mi compromiso con el cristianismo. Pero, cuando mi mamá me preguntó por mis planes a futuro, me puse a pensar seriamente cómo mi sexualidad afecta mis decisiones. Por ejemplo, si debía caminar sin darle la mano a mi pareja, a qué trabajos puedo aspirar según las leyes de cada estado o las prestaciones que podríamos recibir mi pareja y yo. Cuando estaba en la universidad no supe qué responderle a mi mamá sobre mi futuro, pero creo que con los años mi respuesta se ha ido esclareciendo a medida que mis padres han sido testigos de mis decisiones vitales y profesionales.

Ahora mis padres conocen el tipo de persona con quien valoro compartir mi vida, saben que mi pareja me cuida y me apoya. Ya es parte de las reuniones familiares, mi papá le enseñó a amarrar bien el barco al muelle y es *sous-chef* de mi mamá el Día de Acción de Gracias, junto con sus demás hijas. Lo más importante, la tratan con el mismo respeto y cercanía que a los esposos de mis hermanas. En ese sentido, mis planes a futuro siguen siendo los mismos: concentrarme en mi carrera, nutrir la relación con mi familia y empezar una familia propia.

—*Kate, 24*

esta atracción fluctúa en el curso de sus vidas. En breve, la bisexualidad implica sentir atracción por las mujeres y los hombres. Sin embargo, como plantearemos en el capítulo 7, hay identidades de género
que no caben en las definiciones de "hombre" y "mujer". El término
pansexual, ligado a la bisexualidad, define a un individuo a quien le
atraen los hombres, las mujeres y los individuos de distintas identidades o quienes eligen no identificarse con ningún género. Es importante aclarar que el que nos guste un género u otro o ambos o no
cambia según la persona o las personas con quienes nos relacione-
mos. Para muchos, la bisexualidad (y la pansexualidad) implica que el
género no es un elemento que determine la atracción.

Tal vez llegaste a esta pregunta porque esperas que tu hijo tenga
mayores probabilidades de emparejarse con alguien de género distinto al suyo. La verdadera pregunta que te deberías hacer es *por qué*
esperas que esto pase y cómo esta mentalidad puede perjudicarlo.
Quizá te preocupa su seguridad, o se te está dificultando imaginar su
futuro tras esta revelación; a lo mejor tus preocupaciones son religiosas o políticas. Todas ellas son válidas y las abordaremos a detalle en
el próximo capítulo. Sin embargo, es clave que cuando las expreses y
argumentes te concentres en puntos específicos, que no digas cosas
a la ligera como: "Preferiría que fueras hetero" o "Si te gustan los chicos y las chicas, ¿por qué no haces las cosas más fáciles para todos?".
Esos argumentos pueden ser muy dolorosos.

Al igual que cualquier persona, tu hijo no controla sus sentimientos ni atracciones. Si salió del clóset como bisexual, esto significa que
le atrae más de un género. Y no puede simplemente ignorarlo. Cuando
ocultamos nuestros sentimientos, éstos crecen hasta que se desbor-
dan. Pedirle a tu hijo que elija uno solo de sus gustos (para tu bienestar
y conveniencia) sólo lo hará sentir culpable, enojado y marginado.

En vez de intentar moldear sus gustos para *hacerte* sentir mejor,
habla con él para entenderlo mejor. Si tiene una relación "hetero" no

le preguntes si eso implica que ya dejó de ser bisexual. La identidad es complicada y hacerle sentir que sus parejas borran parte de esa identidad lo hará sentir cohibido e incomprendido. Plantea tus preguntas para entenderlo mejor, no esperes que las responda como tú esperas. Le puedes decir: "Me estoy esforzando por entender este aspecto tuyo para ser la mejor madre posible. Creo que cuanto más entienda, será más fácil para ambos, y quiero que sepas que, aunque éste es un proceso de aprendizaje para mí, te amo igual que siempre". Esas palabras expresan tus sentimientos y confusión, pero también contemplan que los dos están trabajando como un equipo y que comparten el objetivo de entenderse mejor.

P: ¿A mi hijo o hija siempre lo verán con otros ojos? Me preocupa la discriminación.

Mi papá nunca se opuso a mi sexualidad por razones religiosas, políticas o morales. No obstante, sí me dijo que quería que fuera feliz y que temía que tal vez tendría una vida más difícil. Cuando tuvimos esa plática, yo sólo tenía diecisiete y no entendí de qué manera me perjudicaría la discriminación en el plano personal. Estaba rodeada de amigos de mentalidad abierta y tenía pensado mudarme a Nueva York, en donde, a mi parecer, esta discriminación no sucedía. Como pueden imaginarse, me equivoqué. La gente se me quedaba viendo si iba de la mano con mi novia, me gritaron obscenidades más de una vez por besar a una chica en público y, poco a poco, me fui dando cuenta de que, en muchos lugares, no gozaría de derechos humanos fundamentales como el derecho a casarme. Esas experiencias me enseñaron (y me siguen demostrando) dos cosas: primero, que mi papá tenía razón: cuando algo te distingue de las expectativas de los demás, las cosas pueden ser más difíciles. Segundo, nunca me habría imaginado cómo esas experiencias me estaban formando. Sí, ciertas situaciones me molestaban, y todavía me frustra cuando

93

sé que me consideran "diferente". Sin embargo, esas vivencias también revelaron cosas que me hicieron cuestionar el mundo a mi alrededor: aprendí a desafiar ideas y estereotipos, a conocer a las personas más a fondo, con todos sus matices. Siento que, aunque en algunos aspectos el camino ha sido más duro, también ha sido más revelador.
—Kristin

R: Cuando se trata de que nos consideren "diferentes", nuestros cerebros tienen la tendencia de enfocarse en lo negativo. No quieres que tu hijo sienta que es menos importante, menos valorado o menos *nada* por cómo lo tratan los demás. Quieres asegurarte de que tenga el mismo acceso a todo lo que quiera, sin importar su sexualidad. Nos encantaría decirte que no te preocupes y que tu hijo podrá gestionar los pormenores de la adultez gay sin sentirse marginado, sin pelear por sus derechos fundamentales y sin preocuparse por hablar con franqueza sobre su identidad. No obstante, no sería cierto. Como planeta, avanzamos hacia una trayectoria positiva para lograr los cambios que nos permitirán vivir en un mundo más igualitario. Pero siempre habrá quienes nos traten distinto a partir de muchos factores. La mayoría crecemos en entornos monocromáticos y esperamos que el mundo funcione así.

Es probable que hayas tenido por lo menos una experiencia en la que los demás te hayan tildado de "diferente", sin tener en cuenta tu sexualidad; estas experiencias son parte de la cotidianidad de muchos. Si eres mujer, seguro recuerdas momentos en tu vida cuando terceras personas (y casi siempre bienintencionadas) se ofrecían a ayudarte a cargar una caja pesada o a estacionarte. Este es sólo un ejemplo de cómo nuestras identidades conforman las opiniones de los demás. Es posible que tu hijo ya haya enfrentado discriminación, incluso si el blanco no fue su sexualidad. Como padre o madre quieres que tus hijos no sufran odio, y también quieres que vivan en un mundo en el que tengan los mismos derechos que todos. Éstas son inquietudes totalmente válidas.

Aunque posiblemente tu hijo no comprenda algunas de ellas. Puede ser particularmente difícil para él imaginar cómo le afectarán las leyes tributarias o la adopción cuando apenas está tratando de pensar cómo sobrevivir a la fiesta de graduación o estudiar para el examen de historia. No será nada útil bombardearlo con una larga lista de obstáculos que ya estás anticipando para su futuro, o llenarlo de temores (que sólo son tuyos). Empieza abordando estas inquietudes por tu cuenta. Posponerlos para "después" o "cuando llegue el momento" no suele funcionar y te puede causar muchas noches de insomnio, mientras piensas en lo que le espera a tu hijo.

Intenta considerar tus preocupaciones en torno a la discriminación a partir de dos puntos de vista: el social y el legal. La discriminación social se refiere a los momentos en los que a tu hijo se le quedarán viendo o lo harán sentir distinto en público. Es el tipo de discriminación que lo perjudica en el plano emocional y físico, que lo puede poner en peligro o hacer sentir que tiene que ocultar parte de su identidad para mantenerse seguro o libre de prejuicios. La discriminación legal se refiere a instancias en las que, por su sexualidad, le nieguen un trabajo, vivienda u otros derechos humanos fundamentales.

En lo que se refiere a la discriminación sexual, tener conversaciones generales con ellos sobre su experiencia es una magnífica oportunidad de evaluar cómo se sienten y qué han tenido que enfrentar en su propia comunidad. Esos temas son un buen pretexto para explicarles que, a veces, te preocupa que tengan una vida más difícil y que te resulta complicado gestionar estos temores. Deberían saber que su felicidad y seguridad te inquietan; incluso si en este momento de sus vidas no lo pueden entender, comprenderán que los apoyas y quieres que sean felices. En vez de pedirles que se "cuiden", sugiéreles que siempre estén atentos a su entorno. Pregúntales cuándo se sienten más seguros y qué lugares los hacen sentirse incómodos. Comparte cómo manejarías tú una situación en la que alguien te diga algo hiriente o la gente te dirige miradas incómodas. No hay respuestas correctas; repasar las posibilidades los ayudará a estar preparados ante esas circunstancias. Cuando se trata de recibir palabras o miradas hirientes lo más importante es tener fortaleza y estar en paz con uno mismo. Cuanto más seguros se sientan con su propia identidad, será más fácil responder en estos casos. Aliéntalos a hablar contigo y asegúrate de que sepan que siempre estás dispuesto a escuchar y ayudar si se sienten inseguros o juzgados en público.

Cuando se trata de discriminación legal, el conocimiento es poder. Los derechos LGBTQ cambian a tal ritmo que a veces es difícil mantenerse al día, pero existen las noticias, las redes sociales y otros recursos cuya razón de ser es actualizar al público sobre este panorama siempre cambiante. Infórmate acerca de las leyes en tu estado o localidad a propósito de la discriminación laboral, el matrimonio, el aborto y el acceso al seguro social. Las políticas antidiscriminatorias son fundamentales para proteger nuestros derechos, por lo que informarte sobre las políticas en tu lugar de trabajo también es un buen comienzo. No es suficiente que las políticas de una escuela o lugar de trabajo protejan contra la discriminación en general. Es vital emplear lenguaje específico e incluyente. Estas políticas deberían incluir palabras como *sexualidad*, *género*, *religión*, *raza*, *identidad de género* y *discapacidad*. Dedicamos un espacio en la sección de Recursos (página 195) a combatir la discriminación legal y ayudarte a mantenerte informado sobre las leyes. Aprovecha estos recursos para estar al tanto y comparte datos puntuales con tu hijo, a medida que vas aprendiendo más sobre el panorama legal LGBTQ. Incluso si no procesa toda la información, conocer algunos detalles sobre los acontecimientos del mundo le producirá curiosidad para aprender más y este conocimiento será fundamental a medida que va creciendo.

"Quería que supiera que no tenía nada malo"

. . . .

Mi hija Parisa es hija única. Tenerla fue una experiencia profunda para mí y siempre hemos sido muy unidas. Cuando Parisa era pequeña, de cuatro o cinco años, se empezó a identificar como niño. Sabía que había algo diferente, pero no me preocupé. Era mi hija y hacíamos las cosas de siempre. Conforme fue creciendo, a Parisa no le gustaba vestirse con ropa de niña. No sé si necesariamente la describiría como machorra porque también le gustaba hacer cosas de niña, pero había indicadores de que no estaba completamente cómoda con la identidad de niña o mujer. Así que esperé. Siempre la traté como una niña. No había ninguna diferencia en nuestra cotidianidad.

Crecí en Maryland en una época en la que, si eras gay, en la escuela te golpeaban. Había muchos prejuicios y discriminación. De joven tuve muchos amigos gay que lo ocultaban. Si se revelaban en la escuela, los acosaban y golpeaban. Hoy residimos en California del Norte, un lugar mucho más tolerante que cualquier otra parte del país, por lo que no me preocupé tanto por el acoso o el abuso. Me preocupaba, sobre todo, que creyera ser diferente, así que el mensaje indirecto que siempre le transmití fue que nadie tenía derecho a definirla. Que podía ser exactamente quien quisiera ser; ésa era mi consigna. No quería preguntarle: "¿Crees que eres gay?", porque no sabía. No tenía forma de ubicar esto en el espectro de lo que sucedería, así que me quería asegurar de que, sin importar lo que pasara, se sintiera cómoda consigo misma.

Después abrió sus redes sociales y un día anunció a todos sus contactos en Facebook que era gay. No me contó. La busqué para decirle: "Hoy leí tu Facebook", y respondió: "Sí, me imaginé que ya sabías, no fue para tanto". Era algo que necesitaba expresar y lo hizo. Desde entonces, nunca ha sido un tema. A fin de cuentas, sigue siendo mi hija. Sigue siendo Parisa y nada ha cambiado.

Me han preguntado: "¿Preferirías que fuera hetero?". Es una pregunta curiosa, porque mi preferencia personal es que sea ella misma. Nunca me ha inquietado su sexualidad. Sin embargo, por mi experiencia, sé que en el resto de Estados Unidos y el mundo ser gay no siempre es aceptado. Siempre le he dejado muy claro que tuvo la fortuna de crecer en una zona tolerante, pero que no es así en todas partes, y que deberá tener cuidado. Si se muda, tendrá que entender su entorno.

Lo que pasa con Parisa es que tiene diecisiete, pero se comporta como de treinta. Es muy madura, autónoma, segura y consciente (mucho más de lo que yo era a su edad) y creo que lo entiende. El éxito que ha tenido Parisa en la vida siempre ha dependido de su capacidad para conectar con las personas, para entablar relaciones y hacerse de grupos de apoyo. Su homosexualidad es secundaria con respecto a su capacidad para vincularse con la gente, tanto heteros como gay. No creo que ser gay la defina. Yo la veo como Parisa, no como una chica gay. Es una persona encantadora, amable, y eso la define. Y da la casualidad de que es gay.

—Chris, 48

P: Me preocupa que mi hijo o hija no vaya a tener familia.

R: Cuando salimos del clóset, muchos no sabemos si querremos casarnos y tener hijos. Incluso si quisiéramos, esos deseos, ganas y sueños van cambiando con el paso de los años. Si te preocupa la sexualidad de tu hija y las consecuencias que tenga en su estructura familiar en un futuro, reflexiona sobre estas tres cosas: en primer lugar, ¿a qué te refieres con "familia"?; en segundo, nuestros deseos no van a coincidir de manera exacta con las necesidades y los deseos de nuestros seres queridos; y tercero, el panorama logístico y legal puede tener repercusiones en ciertas estructuras familiares.

Una familia no tiene por qué estar constituida por una pareja de géneros distintos, 2.5 niños y un perrito adorable que se llame Bruno. Parece una familia increíble (sobre todo por Bruno), pero se reduce a una sola definición de *familia* que puede significar muchas cosas distintas dependiendo de cada persona. En términos prácticos, una familia es la unión de personas que se aman. Madres solteras y sus hijos, abuelos que crían a sus nietos, parejas sin hijos, familias adoptivas, *roomates* que se apoyan en los altibajos de la vida: todas estas estructuras son familias.

A lo mejor, tu hijo no quiere tener la misma estructura familiar que tú has elegido y puede albergar una idea distinta de lo que implica una familia. Y puede tener esa idea hoy, o puede cambiar según la gente que conozca en el curso de su vida. Lo mejor que puedes hacer cuando te preocupas por estas diferencias es comunicarte con tu hijo, sin presionarlo, para que comparta tus deseos o para que "sepa" exactamente qué espera para su vida. Habla, pregunta, asegúrate de transmitir que te interesa su felicidad por encima de todo; no esperes que se adapte a un molde preexistente de lo que habías imaginado tú para su futuro. No presentes tu idea de familia clásica como la única alternativa y asegúrate de que sepa que, sin importar su sexualidad, tiene muchísimas posibilidades para formar una familia.

Si tu hijo quiere casarse y tener hijos algún día, hay muchas maneras de hacerlo. Cada vez con más frecuencia se aprueban leyes que permiten el matrimonio entre personas del mismo sexo, así como la adopción. Muchas parejas deciden casarse en lugares en donde el matrimonio gay es legal o celebrar ceremonias espirituales en sitios en donde la ley aún no reconoce su enlace. A veces, estas parejas adoptan, recurren a la gestación subrogada (si ninguno puede engendrar) o a donantes de esperma. Tu hijo no está exento de comprometerse con una pareja o tener familia sólo por ser gay.

Si te concentras en amarlo y apoyarlo, le permitirás sentirse más cómodo sobre su visión de familia a futuro. Esas conversaciones te darán la oportunidad de entenderlo mejor, ayudarlo a tomar decisiones importantes y a seguir siendo una pieza integral de su vida. Cuando dices que quieres que tu hija tenga familia, en el fondo lo que quieres es que sea feliz. Sin embargo, la felicidad se presenta de distintas formas. Concéntrate en aceptar que encontrará la felicidad en cosas que nunca te hubieras imaginado, pero, con tu amor y apoyo, podrá entenderse y hallará su camino hacia la felicidad con mucha más claridad.

EN CONCLUSIÓN

✤ Habla con tu hijo sobre su futuro hasta donde él te lo permita. No asumas que su sexualidad le cerrará puertas.

✤ Concéntrate en entender que lo que queremos para el futuro va cambiando con los años; estas ideas no son constantes ni predecibles.

✤ Pregunta a tu hijo sobre la discriminación. Entender sus experiencias diarias te ayudará a tener un panorama más amplio.

✤ Cada quien tiene su propio concepto de familia. Es posible que tu hijo tendrá una familia muy distinta a la tuya, pero eso no implica que no será feliz.

✤ Asegúrate de que sepa que tu prioridad absoluta es su felicidad, no que cumpla al pie de la letra lo que habías imaginado para su futuro.

Capítulo 5: Los pájaros y las abejas

Algunos padres se sienten muy cómodos a la hora de platicar con sus hijas o hijos sobre el sexo. Sin embargo, muchos otros se muestran renuentes y, al igual que sus hijos, les aterran estas conversaciones. Sin importar cuál sea tu caso, ahora te enfrentas con la tarea de hablar sobre sexo desde una perspectiva de la que tienes poca o ninguna experiencia. Puede ser una labor abrumadora, porque es común que lo desconocido nos intimide.

El objetivo de este capítulo es despejar algunas de las imprecisiones en torno al sexo y las personas de la comunidad gay, así como brindarte las herramientas para que te sientas más tranquilo cuando platiques de *todo* tipo de sexo con tus hijos. Cuanta más información tengas, más franco podrás ser con ellos. Cuanto más asertivo seas sobre el sexo, más fácil será para ellos compartir sus dudas e inquietudes. Muchos adolescentes aseguran que, a la hora de tomar decisiones en torno al sexo, sus padres fueron su influencia más importante. Lo que les digas *importa* y, en ocasiones, lo que no digas importa aún más.

P: ¿Que mi hijo o hija sea gay implica que será promiscuo?

R: En breve: no. La sexualidad de tu hijo no influye en la frecuencia con la que tiene (o quiere tener) relaciones sexuales, tampoco en las emociones que le atribuya al acto sexual. En la comunidad "hetero" existe una amplia variedad de conductas e intereses sexuales, y es lo mismo para aquellos con sexualidades heterogéneas. Como seres humanos, nuestros deseos no dependen de una sola faceta de nuestra identidad.

También es importante reconocer que la promiscuidad no necesariamente es un rasgo negativo. El sentido que le des al "sexo casual" depende de quién eres. Para algunos, el sexo casual es riesgoso, irresponsable e inmoral, y en cambio hay quienes se sienten cómodos con la libertad de tener relaciones sexuales con distintas parejas, al mismo tiempo que toman decisiones seguras e informadas. Tu hijo puede no compartir tu opinión sobre el sexo, pero sólo podrás conocer lo que piensa si hablan con franqueza.

Cuando tengas esa conversación evita que tus palabras o tu tono estén cargados de prejuicios o suposiciones. Antes de hacerlo reflexiona sobre cuáles son tus opiniones en torno al sexo. ¿Cuándo y cómo se originaron? ¿Siempre has considerado que en el sexo está implícito un vínculo afectivo? ¿Tus ideas están arraigadas en creencias morales o religiosas, o sólo te preocupa su seguridad? Cuando hables con tu hijo, podrías empezar más o menos así: "Estás en un punto en el que tal vez te estés planteando tener relaciones sexuales. Sé que no hablamos mucho al respecto, pero es importante que nos entendamos y nos comuniquemos porque es un tema importante". Comparte qué opinas sobre el sexo con honestidad.

Gibson tiene diecisiete años y cuenta que cuando se trataba de hablar con sus padres sobre sexo, siempre fueron muy directos.

"Nunca sentí que fuera obsceno o que no pudiera hablar sobre algo. Siempre me transmitieron que era algo maravilloso, y que era libre de hacerlo siempre y cuando me protegiera", cuenta.

Tal vez tus opiniones en torno al sexo sean un poco distintas que las de los padres de Gibson, pero no quiere decir que no tengas la disposición de platicar. Antes de charlar, repasa las preguntas sobre las que reflexionaste en privado, analiza tus creencias y experiencia. Tu honestidad en torno a estos temas inspirará respeto y éste fomentará un ejercicio de reflexión más cuidadoso, un diálogo más serio y mayor responsabilidad. Incluso, si tu hijo no le atribuye emociones al sexo como tú, siempre valorará y considerará tu opinión. Además, cualquier conversación sobre el tema es una buena oportunidad para hablar sobre sexo seguro.

Tus inquietudes en torno a las conductas sexuales de tus hijos no deben centrarse únicamente en su sexualidad. Cuando se trata de sexo seguro es fundamental ser específico e incluir todo tipo de actividades sexuales (en la próxima pregunta lo abordaremos). Tu hijo está en una edad, o pronto lo estará, en la que habla sobre sexo y experimenta, por eso es importante que lo guíes para entender qué significa el sexo para él. Escucha con apertura y recuerda que su sexualidad no condiciona su interés en el sexo ni las decisiones que tome en torno a él. A fin de cuentas, su cuerpo es suyo y lo mejor que puedes hacer es tener un diálogo honesto sobre tu propia experiencia y herramientas para tomar decisiones seguras e informadas.

P: ¿Cómo le hablo a mi hijo o hija de sexo seguro?

Nunca aprendí cómo tener sexo seguro. Estoy convencida de que tuve un par de clases de anatomía en las que mencionaron los condones, citaron mucha información sobre enfermedades espantosas que podía contraer si hacía lo indebido con la persona indebida, pero nunca nadie mencionó qué hacer si no tenía sexo con un chico. No sabía si debía protegerme y, en ese caso, nunca había escuchado estrategias para hacerlo. Mis padres se enteraron de que era gay cuando ya era sexualmente activa y no creo que hayan contemplado hablar conmigo sobre el sexo "gay" seguro. Para empezar, mi mamá no quería que fuera gay, así que sin duda no sería una fuente de información. Tuve la suerte de salir ilesa de esos años de ignorancia pero, obviamente, hubiera tomado decisiones distintas, mejor informadas, de haber sabido cómo protegerme.

—Kristin

R: Muchos padres se ponen nerviosos al hablar con sus hijos sobre sexo, no importa el tipo de sexo. También tienen la idea equivocada de que, si eluden el tema por completo, entonces sus hijos no tendrán sexo con nadie. Los chicos y las chicas tienen relaciones sexuales, incluso cuando se los prohíben. Cuando tienen las herramientas para entenderlo, saben lo que implica, cómo funciona y cómo practicarlo de forma responsable, están mucho más seguros y listos para tomar decisiones importantes, que si actuaran a ciegas.

La inmensa mayoría de las secundarias y preparatorias no tienen la logística ni las precauciones necesarias para informar, actualizar y mantener seguros a tus hijos, sobre todo cuando se trata de sexo no heterosexual. Más aún, para muchos adolescentes sus padres son la fuente de información primordial para practicar sexo seguro. Lo sensato es que te informes para que seas tú quien hable de estos temas con ellos. Lo que digas y cómo lo digas será crucial.

Tu enfoque dependerá por completo de tu nivel de comodidad y la relación que tengas con tus hijos. Si se te facilita hablar del tema, entonces tus hijos también se sentirán cómodos tocando esos temas, en cuyo caso puedes ir al ABC del sexo seguro (página 109) para empezar. A lo mejor, aunque a ti se te facilite platicar sobre el sexo, a tus hijos no, o a lo mejor a los dos les incomoda un poco. En este caso, te recomendamos confiar en el proverbio: "Conoce a tu público".

Oluremi tiene dieciocho años y ya salió del clóset con sus padres. Cuenta que su mamá adoptó una estrategia distinta que la mayoría para abordar el sexo seguro. "Por suerte, mi mamá entendió que no me gustaba platicar, pero sabía que leería cualquier cosa". La mamá de Oluremi le comunicó la mayoría de sus ideas en torno al sexo seguro por correo electrónico, pues sabía que facilitaría el intercambio de información. La "plática sobre sexo" no tiene que ser (o no debería) reducirse a una conversación maratónica a la hora de la comida. Puede ser algo que evolucione con el tiempo, tal vez mediante una carta o varias conversaciones breves. Prepara la información que necesitarás y comunícate por el medio que creas más cómodo para ti y tus hijos.

Según la doctora Justine Shuey, experta en educación sexual con reconocimiento internacional, cuanto más pronto platiques con tus hijos, más fácil será seguir haciéndolo después. "Lo más importante es ser un padre accesible", afirma. Esto no quiere decir que tengas todas las respuestas o que debas sentirte cómodo como para hablar con ellos de cualquier tema (ni contarles sobre tus prácticas sexuales), sino que estés disponible y dispuesto a escuchar sus preguntas. Si no conoces la respuesta, investíguenla juntos. Compártele fuentes confiables, con sustento médico. Ayúdales a encontrar las respuestas. "Cuando trabajo con educadores, les enseño a decir primero 'buena pregunta'. Es la oportunidad para pensar en tu respuesta antes de reírte o responder algo ridículo o negativo", asegura. La doctora Shuey anima a los padres a responder a las preguntas de sus hijos con actitud positiva para demostrar que siempre están disponibles. Si no conoces la respuesta, te sientes incómodo o no estás seguro, sugiere responder así: "No sé, pero puedo investigar" o "No sé, pero aquí puedes encontrar la respuesta".

A continuación, en "El ABC del sexo seguro", reunimos algunos datos que nos proporcionó la doctora Shuey. No pretende responder todas las preguntas posibles, pero sí es un excelente punto de partida para entender cómo abordar el tema del sexo seguro que no es exclusivamente heterosexual.

EL ABC DEL SEXO SEGURO

❈ Las infecciones de transmisión sexual (ITS) son lo mismo que las enfermedades de transmisión sexual (ETS). Los dos términos se refieren a enfermedades con alta probabilidad de transmisión entre individuos que mantienen contacto sexual, como relaciones sexuales vaginales, orales y anales. En la actualidad, los Centros para el Control y la Prevención de Enfermedades utilizan el término ITS en vez de ETS porque *infección* es una palabra con menos estigma.

❈ Todas las conductas sexuales tienen cierto nivel de riesgo. Todos deben saber cómo gestionar los riesgos para tener sexo seguro. Las ITS no discriminan. No importa quién tenga sexo con quién; lo que importa es el contacto. El sexo oral, anal, vaginal, compartir juguetes sexuales, la masturbación mutua y una larga lista de conductas sexuales presentan riesgos.

❈ No existe el "sexo gay" o el "sexo lésbico". Las personas participan en una variedad de conductas sexuales y la orientación no condiciona necesariamente lo que alguien disfrute sexualmente.

Hay cuatro tipos de infecciones de transmisión sexual:

❈ **Infecciones bacterianas:** clamidia, gonorrea, uretritis no gonocócica, sífilis
❈ **Infecciones virales:** virus del herpes simple (VHS), virus de papiloma humano (VPH), hepatitis viral y virus de inmunodeficiencia humana (VIH)
❈ **Infecciones protozoarias:** tricomoniasis
❈ **Infecciones parasitarias:** ladillas, sarna

Algunas ITS, como el herpes genital o el VPH, pueden causar verrugas genitales o cáncer. Se transmiten por el contacto cutáneo, los fluidos corporales o por el roce con una llaga infectada, etcétera. Algunas infecciones como la sarna o las ladillas se transmiten mediante el contacto cercano. Muchos creen que el sexo oral es seguro pero, a menos que tomen las precauciones apropiadas, el sexo oral puede transmitir gonorrea, herpes, VPH y otras infecciones en la garganta. La práctica del anilingus (sexo oral en el ano) puede incrementar el riesgo de hepatitis y otras infecciones gastrointestinales. El sexo anal y el sexo vaginal pueden transmitir una variedad de ITS.

Si bien muchas infecciones tienen tratamiento, no todas se pueden curar, en especial las virales. Incluso en el caso de algunas infecciones bacterianas, la resistencia a los medicamentos se está volviendo un problema que dificulta el tratamiento. Más aún, como muchas infecciones de transmisión sexual (como el VPH y la clamidia) son asintomáticas, quienes las padezcan y sean asintomáticos, las pueden transmitir a sus parejas. No obstante, la prevención es más fácil que el tratamiento, y hay vacunas que protegen contra variantes del VPH y la hepatitis. Además, los hombres que tienen sexo con otros hombres deben contemplar vacunarse contra la meningitis.

Existen muchas formas de tener sexo seguro:

Condones masculinos

❈ Los condones cubren el pene para prevenir el intercambio de fluidos corporales. Hay condones masculinos de látex y de otros materiales como poliuretano y poliisopreno, los cuales protegen contra embarazos e infecciones de transmisión sexual. Los condones de piel de cordero, oveja u otro animal protegen contra embarazos, pero no contra infecciones de transmisión sexual.

⊗ Los condones masculinos de sabores se pueden usar durante la felación (sexo oral en un pene). Los condones de sabores no están hechos para penetraciones en la vagina o el ano.

⊗ Los lubricantes a base de aceite pueden romper los condones de látex y las barreras dentales, por lo que es mejor evitarlos. La mayoría de los condones masculinos tienen lubricante de silicona. Algunos no tienen lubricante y se les puede poner.

⊗ Evita los condones con espermicidas o lubricantes con espermicidas (en particular los que contengan nonoxinol-9), ya que pueden romper las paredes celulares de la vagina y el ano, facilitando así la transmisión de bacterias y virus.

⊗ Utiliza un condón a la vez. Nunca utilices condones masculinos y femeninos al mismo tiempo. Recuerda que los condones masculinos no protegen al cien por ciento y se pueden contagiar algunas infecciones de transmisión sexual mediante el contacto con la piel.

Condones femeninos

⊗ También se les conoce como condones insertables o internos, se insertan en la vagina para evitar embarazos y prevenir las ITS y el VIH.

⊗ Los condones femeninos se pueden utilizar durante el coito anal receptivo. Para insertarlos en el ano, retira el anillo interior e insértalo en el ano; el anillo exterior debe sobresalir del cuerpo. Para retirarlo, gira el anillo exterior y jala.

⊗ Como la composición de los condones femeninos no es de látex, se pueden usar con lubricante.

❧ Los condones femeninos no brindan protección completa contra todas las ITS.

Barreras dentales

❧ Las barreras dentales son capas delgadas de látex u otro material que se emplean durante el cunnilingus (sexo oral en la vulva) o anilingus (sexo oral en el ano).
❧ Algunas barreras dentales están saborizadas. También se puede aplicar una gota de lubricante de sabor en la parte externa para aportar sabor y una gota de lubricante a base de agua en la parte interior para incrementar la sensación.
❧ No utilices lubricantes a base de aceite en las barreras dentales.

Lubricantes

❧ Se pueden usar lubricantes durante las prácticas de sexo seguro para reducir la fricción, la posibilidad de que se rompa un condón o las abrasiones cutáneas.
❧ Se recomienda usar lubricantes a base de agua, se pueden emplear en cualquier cosa (salvo los ojos y las orejas). Los lubricantes a base de agua se pueden utilizar durante el sexo oral, anal y vaginal o en los juguetes sexuales.
❧ La mayoría de los condones tienen lubricante con siliconas y, si bien éste es seguro para el sexo anal y vaginal, no tiene buen sabor para el sexo oral y puede manchar las sábanas y la ropa. Es a prueba de agua, así que es seguro usarlo en la regadera, pero nunca en juguetes sexuales de silicona porque el

contacto de las siliconas genera una reacción que rompe los juguetes.

❈ Los lubricantes con sabores están diseñados para el sexo oral y sólo para uso externo.

❈ Los lubricantes a base de aceite pueden romper el látex e irritar la vagina; por lo tanto, no se deben utilizar para la penetración ni con condones ni barreras dentales.

"Lo que mis padres me enseñaron sobre el sexo"

· · · · · · · · · · · · · · · · ·

Cuando tenía diez o doce años, hicimos uno de nuestros viajes de costumbre a Montreal, que quedaba a una hora de nuestra casa en los suburbios en el norte de Nueva York. En aquel entonces (los tremendos 1990) era común que las familias estadunidenses saquearan los centros comerciales canadienses con sus dólares. Si recuerdo bien, el objetivo de este viaje en particular era encontrar un artículo de primerísima necesidad, una tetera eléctrica, aunque hasta entonces habíamos logrado sobrevivir sin ella.

En algún punto de nuestro recorrido en el centro comercial, mi papá y yo nos separamos de mi mamá y mi hermana, y nos pusimos a ver revistas. Mi papá aprovechó la oportunidad para informarme sobre los pájaros y las abejas. Tomó una *Playboy*, abrió el póster central con la belleza de ese mes, alguna rubia extendida en dos páginas. No la recuerdo bien, pero sí recuerdo que mi papá la señaló y me dijo: "En un par de años, esto te va a volver loco. Es mejor que lo sepas antes de que se te aloquen las hormonas".

Me quedé atónito. No recuerdo otra ocasión en la que mi papá fuera tan imprudente.

Hoy, ese momento en el que padre e hijo compartieron un vínculo afectivo parece tan remoto, vago, un instante excepcional en el que sacó a colación el tema del sexo a propósito. Aún más excepcional era hablar de la homosexualidad. En varias ocasiones mis padres descubrieron pornografía en la computadora, pero los momentos fueron breves, y por su reacción, cortante y moderada, no se decía nada más.

De lo poco que se decía sobre el sexo, lo positivo era que mi papá ponía énfasis en que amara a mi pareja en una relación sexualmente activa. Cuando mi papá hablaba sobre sexo, se centraba en ser sensato y cuidarse, y ese consejo era extrapolable. Es más, nunca se expresó mal de los hombres gay. Como miembro de la marina mercante había servido al lado de hombres gay, y solía compartir anécdotas positivas. Siempre he adoptado su actitud de "vive y deja vivir" que me ayudó a transitar la adolescencia, cargada de dudas, común entre los jóvenes LGBTQ.

Desde entonces, la relación con mi papá ha madurado, y diría que, al tener un hijo gay, ha aprendido tanto sobre sexualidad (aunque no sobre sexo) como yo. Aunque nunca me dio una introducción ideal al sexo, agradezco que no haya sido peor.

—*Dean, 26*

"Lo primero que me pasó por la mente fue el sida"

Cuando nuestro hijo me dijo que era gay, lo primero que me pasó por la mente fue el sida. Sé que, en gran medida, es una cosa generacional, porque en las décadas de 1980 y 1990 murieron muchos amigos míos, demasiados. Ahora la gente está mejor informada. De todas formas, eso fue lo primero que pensé. Y porque sólo tenía dieciséis, me preocupaban los hombres mayores y depredadores. ¿Cuántos estereotipos podía evocar al mismo tiempo?

Soy de una generación que no ha reflexionado mucho a propósito del sexo gay. A las personas heterosexuales, de posición acomodada, de mi edad (no me refiero a mí específicamente), todavía nos genera cierta repulsión. Aunque queremos sentir que el sexo es "el regalo que le dio Dios a los seres humanos" y la conducta más natural de todas, no creo que, como padres, podamos aplicarlo a nuestros hijos con tanta facilidad. A fin de cuentas, les cambiamos los pañales. Al principio, la idea de que cualquiera, sin importar la edad, vea con deseo a nuestros hijos (a cualquier edad) es espantosa. Y es igual de difícil imaginar a mis hijos heterosexuales (adolescentes y en sus veinte) teniendo relaciones sexuales. Así que es mejor no intentar "imaginarlos" en su intimidad, gay o heterosexual. Los detalles no nos conciernen.

¿Entonces de qué podemos hablar con ellos? Estoy segura de que no tengo las respuestas, pero cuando tengo dudas decido hablar sobre condones. Durante las muchas conversaciones fuertes que tuve con mi hijo cuando salió del clóset, le pedí que me prometiera que siempre tendría sexo seguro. Y eso quiere decir, usar condón. Al principio, se sorprendió de que hablara en serio. Su respuesta fue: "¿Crees que además me va a dar sida? ¿Ser gay no es suficiente?".

Más o menos un año después de esta conversación, mi esposo me llamó, en pánico. Estaba lavando la ropa y encontró un condón en un pantalón de nuestro hijo. La verdad no sabíamos qué hacer. Pero creo que nos hubiéramos sentido igual si nuestro hijo hubiera sido heterosexual o gay. Creo que ninguno estaba listo para saber que nuestro hijo era sexualmente activo. Aunque si tenía un condón, tal vez era más responsable y estaba más preparado de lo que creíamos. En fin, me tocó hablar con él. Practiqué: "Encontramos esto en tu ropa sucia. Nos da gusto que seas responsable y queremos asegurarnos de que estés listo emocionalmente para tener una vida sexual activa". Me parecía al Dr. Phil. Me armé de valor para hablar con él con mi discurso preparado. Me miró incrédulo: "Los estaban regalando en el gimnasio, mamá. ¡No lo he usado!". Sigo teniendo el discurso, por si se vuelve a presentar la oportunidad.

Estoy segura de que, a medida que crezca, querrá hablar menos conmigo. Es evidente que cuando esté en la universidad, cada vez buscará menos mis recomendaciones. Nunca me consideré particularmente dotada para dar consejos sobre relaciones, pero me pregunto si el hecho de que él salga con hombres nos hará tener más en común de lo que creíamos. Y, siempre y cuando sepa que la puerta está abierta (en sentido literal o figurado), voy a estar disponible. ¡Sin necesidad de espiar o entrar a escondidas! Espero que encuentre a alguien a quien ame; lo mismo que espero para mis hijos heterosexuales.

—Elizabeth, 50

P: ¿Me debería preocupar por las infecciones de transmisión sexual como el sida?

R: Siempre deberías preocuparte por las infecciones de transmisión sexual, entre ellas el VIH y el sida, al margen de que tu hijo sea gay. El motivo de alarma es, ante todo, la falta de educación adecuada que a muchos chicos y chicas LGBTQ les dan en las escuelas. Si bien en ocasiones la juventud heterosexual recibe clases de educación sexual que incluyen prácticas extremadamente importantes de sexo seguro, en esas clases se ignora por completo a la juventud LGBTQ. No obstante, debido a que ninguna clase de educación sexual es igual a otra, y algunos omiten mencionar las prácticas de sexo seguro que incluyan a *todos* los individuos, es válido que te preocupes por la seguridad de tu hijo, sin importar su sexualidad. Pero esto no quiere decir que tu hijo gay está en peligro inminente de contraer una infección de transmisión sexual; quiere decir que deberías ser parte de su educación para que se mantenga seguro y protegido.

A finales de la década de 1970 y principios de 1980, el mundo fue testigo del surgimiento de la pandemia del virus del sida. Como era una enfermedad nueva, no se tenía información de cómo se transmitía; la comunidad médica no estaba segura de cómo analizar y atender a los pacientes, y miles de personas (muchos de ellos hombres gay) murieron en un periodo muy breve. Al público se le hizo creer que la muerte y devastación que ocurría en la comunidad gay era consecuencia de las suposiciones dominantes sobre la promiscuidad dentro de esta comunidad. Se trataba de conjeturas sin fundamentos y falsas.

Como discutimos en la pregunta anterior, la promiscuidad no tiene que ver con la sexualidad de un individuo. El sida, como cualquier otra ITS, es una infección que puede aquejar a un individuo que no practica sexo seguro. Lo mejor es informar a tu hijo sobre las ITS, sin importar cómo se identifique. Cuando tu hijo empiece a tener una vida sexual activa, es clave que entienda los riesgos que implica y cómo protegerse. Como la juventud LGBTQ recibe menos educación sobre estos temas en el contexto escolar, mucho depende de ti, como padre, brindar las herramientas que necesita para tomar decisiones seguras e informadas. Para mayor información sobre cómo entablar esta conversación consulta "El ABC del sexo seguro" (página 109) y la sección de Recursos (página 195).

P: ¿Cómo saber si un amigo o amiga es más que eso?

R: Cuanto más cómodo te sientas con las conversaciones que giran en torno a las citas y las relaciones personales, será más fácil para tu hijo hablar contigo. No siempre podrás "saber" con quién está saliendo a partir de sus conductas, pero en este caso la sexualidad no importa.

El primer paso es comunicarle que te gustaría saber si está saliendo con alguien. Explícale que no sólo quieres saberlo cuando esté enamorada o lista para comprometerse de por vida; sino que quieres saber si está saliendo con alguien o tiene una relación puramente física. Asegúrate de dejar claro que esperarías lo mismo sin importar su sexualidad. Si no lo especificas, puede creer que estás siendo más severo porque no apruebas o entiendes su sexualidad. Una vez aclarado esto, y con la certeza de que entiende esta expectativa, el siguiente paso es guiarla a partir de la confianza. Si responde que, de momento, no le interesa nadie, tienes que creerle. A menos que pienses que corre riesgo físico, jamás deberías leer su diario, hablar con sus amigos a sus espaldas o meterte en sus asuntos privados. Dale la oportunidad de hablar contigo y contarte con quién está saliendo, y que quede claro que le crees. El respeto mutuo es crucial para transmitirle que confías en ella y, por lo tanto, ella tiene la responsabilidad de ser honesta y directa.

Cuando tu hijo te cuente que está saliendo con alguien, responde con actitud positiva. Si tu reacción inicial es hacerle millones de preguntas y señalar por qué no hacen buena pareja, la experiencia le dejará una sensación negativa. Si te preocupan ciertos aspectos sobre la persona con quien está saliendo, puedes expresarlo, pero cuida que no parezca que quieres controlar la situación. Tiene que tomar sus propias decisiones y, si lo apoyas, se sentirá seguro para buscarte cuando tenga dudas y temores, y escuchará tus consejos con atención. Con una actitud positiva es más probable que más adelante te busque con preguntas sobre sus relaciones personales.

Pese a tus mejores esfuerzos, puede ser que tu hijo no haya sido completamente honesto contigo. Si descubres que te ha estado ocultando algo deliberadamente, abórdalo de inmediato y explícale que ha minado tu confianza.

Maneja la situación tal como lo harías si te hubiera mentido sobre una relación heterosexual. El tema es la confianza, no el género de la persona con quien está saliendo.

P: **¿Cómo le hago con las pijamadas?**

R: Parecía muy fácil decirle a tu hija que no podía invitar a niños a sus pijamadas o a tu hijo que tenía que dejar la puerta de su habitación abierta si estaba con una niña, pero ¿qué pasa ahora que salió del clóset?

Una regla de oro estupenda para decidir cómo proceder es ignorar el género. En vez de decir: "Los niños no se pueden quedar a dormir; las niñas sí, pero con la puerta abierta", traza reglas universales. Puedes ceder permitiendo que cualquier persona se quede a dormir, sin importar el género, siempre y cuando las pijamadas sean en la sala o en una habitación con la puerta abierta.

Ahora bien, no instrumentes una regla sin explicarla, platíquenlo. Cuéntale a tu hijo por qué estás dictando una regla antes de su próxima pijamada. Quizá con estas normas sienta que no confías en él porque le pides que permanezca en un espacio visible. Sin embargo, las pijamadas siempre son un reto para los padres, incluso si dejamos al lado la actividad sexual. Explícale esto y dile que, aunque no estás esperando que te desobedezca intencionalmente, prefieres no generar una posición incómoda para los dos.

Cuando instaures o reinstaures esta regla, no recules. No te equivocas. Si crees que una regla es demasiado severa, ten la disposición de modificarla cuando la veas en acción. Por otra parte, si tu hijo deja la puerta abierta como se lo pediste, no revises cincuenta veces ni inventes pretextos para llamarlo. Descubrirá tus intenciones a la primera y sentirá que no lo estás tratando con el mismo respeto.

Es posible que tu hijo crea que estas reglas se deben a que es gay o bisexual, y que no sería lo mismo si fuera heterosexual. Si percibes que se siente así y crees que se equivoca, explícaselo con paciencia las veces que sea necesario. La clave es la constancia. Tus reglas no son reglas gay. Son las reglas de tu casa y todos deben respetarlas.

EN RESUMEN

⊕ La sexualidad de tus hijos no tiene nada que ver con la frecuencia con la que tienen (o quieren tener) relaciones sexuales; tampoco con las emociones que le atribuyan al acto sexual.

⊕ Expresa tus opiniones sobre el sexo con honestidad. Bríndales las herramientas para que tomen decisiones seguras e informadas.

⊕ Recurre a fuentes confiables para responder tus preguntas sobre el sexo. Consulta la sección de Recursos (página 195). Comparte estos recursos con tus hijos para que puedan buscar otras respuestas en el futuro.

⊕ El sida no es una "enfermedad gay". Cualquiera que tenga relaciones sexuales puede correr el riesgo de contraer VIH, sida o cualquier otra ITS. Sin importar la sexualidad de tus hijos, deben estar informados para saber cómo protegerse.

⊕ Pregúntale a tu hijo con quién está saliendo, pero no lo bombardees. Empieza por confiar en que, si hay alguien importante en su vida, te lo va a contar.

⊕ Explica tus reglas para las pijamadas y asegúrate de que sean consistentes con las reglas que aplicaban antes de que tu hijo saliera del clóset. No deben ser específicas de la sexualidad, deben ser pertinentes para todos.

Capítulo 6: Creencias religiosas

Si eres religioso, es probable que tus creencias repercutan en tu experiencia de tener un hijo gay. Apoyarte en tu fe en un momento de confusión te ayuda a mantenerte fuerte y a encontrar claridad. Sin embargo, quizás algunas de tus creencias entren en conflicto directo con esta nueva información. La belleza de la fe es que, a medida que maduramos y aprendemos, también la vamos reinterpretando. Aunque tu relación con la religión cambie, nunca se extinguirá tu fe ni tus hijos ni tu familia.

Casi todas las religiones se basan en el amor. Por eso es importante que en estos tiempos en los que examines tus creencias, el amor sea tu foco de atención. Aferrarte al amor que le tienes a tu hijo y al amor que es la piedra angular de tu religión te guiará para transitar entre tu fe y tu familia.

P: **Me preocupa que mi hijo o hija se vaya al infierno.**

Cuando salí del clóset con mi mamá, su reacción no fue de enojo, sino de miedo y tristeza. Ella viene de una familia católica muy estricta y toda su vida le enseñaron que quienes desobedecen a Dios son castigados por sus pecados. Y de repente, su hija mayor (a quien adoraba más que a la vida misma) le dijo que era gay. Para mi mamá fue como si le hubiera dicho: "Ma, me voy a ir al infierno". No tenía ni la más remota idea de qué hacer, a dónde acudir o cómo reconciliar el amor que me tenía con el miedo de que no la fuera a alcanzar en el cielo.

Nuestro viaje comenzó peleando, sin vernos ni escucharnos. Ninguna quería cambiar de opinión ni escuchar a la otra. Poco a poco, empecé a comprender que tenía miedo. Luego de un tiempo, ella también me empezó a escuchar y a pensar que mi experiencia podría ilustrar sus creencias. Rezamos, hablamos, nos apoyamos en nuestra fe y, poco a poco, emprendimos el viaje juntas (y separadas) hasta llegar a un punto de común acuerdo. Esto no quiere decir que mi mamá no le tema al futuro, pero ha aceptado las cosas que no puede cambiar y aquellas que son certeras. Sabe que todos los días me esmero por ser una persona noble y compasiva; sabe que me ama y sabe que Dios me ama. Ya no se centra en lo que "podría" pasar, sino en el concepto de que Dios es amor.

—Kristin

R: Cuando la mamá de Kristin se enteró de que su hija era gay, emprendió un viaje muy personal con su fe. Quienes están pasando dificultades similares tienen una serie de opiniones sobre la vida después de la muerte, el Cielo y la Tierra o su relación con la religión. Para algunos, el Cielo y la Tierra son lugares concretos, reales. Para otros, son ideas abstractas o metáforas. Si bien no existe una idea singular sobre el infierno (o cómo se llega ahí), es posible que tu preocupación radique en el amor inquebrantable que le tienes a tu hijo y tus ideas sobre qué podría pasarle en el más allá.

A los pocos días de enterarse que Kristin era gay, su mamá acudió al sacerdote de su parroquia. Se sentó con él para contarle lo sucedido y confesar su miedo. Él la interrumpió para decirle: "Debes ser una madre muy especial para que tu hija haya tenido la voluntad y las ganas de hablar contigo sobre esta experiencia. Antes de continuar, quiero que sepas que Dios nunca nos pide cerrar la puerta a nadie. Ni a nuestros hijos ni a nuestros amigos ni a nadie. Siempre escucha a tu hija. Siempre mantén la puerta abierta para ella".

La madre de Kristin nunca ha olvidado esas palabras y ha llevado ese mensaje consigo en el accidentado camino de reexaminar su fe y su religión. La mayoría de la gente que profesa cualquier tipo de religión puede coincidir en que el mensaje más consistente que encuentran en el núcleo de su religión es aquel que equipara a Dios, el todopoderoso, con el amor. Amarse, amar al prójimo, ser generoso, honesto y compasivo son los principios de la mayoría de las religiones. Recuerda este mensaje durante esta época desafiante con tu hijo.

Como una persona espiritual, lo mejor que puedes hacer cuando no tienes una respuesta es rezar, y mantener el corazón y la mente abiertos. Reza para recibir orientación, fe y para entender mejor (no para que tu hijo cambie). Permítete estar abierto a modificar tu percepción de la fe y tu visión de cómo son el Cielo y la Tierra. Quizá las cosas no son como creías, a todos nos pasa; pero si algo es seguro es el amor que le tienes a tu hijo y a Dios.

Cuando piensas en tu hijo y la vida después de la muerte puedes tener dudas y temores; la verdad es que la mayoría dudamos sobre lo que viene después de la vida para nuestros seres queridos y nosotros mismos, sin importar nuestra sexualidad. Sigue queriendo a tus hijos y haz todo lo posible por escucharlos. Esto te ayudará a entender las complejidades de su vida y cómo sus experiencias se relacionan con tu fe. No tienes que estar completamente de acuerdo con sus decisiones, pero cuanto más abras tu corazón y tu mente a la idea de que Dios ama a tu hijo igual que tú, te será más fácil seguir confiando en ese amor y usarlo de guía en este viaje.

P: Esto va en contra de mis creencias, pero quiero apoyar a mi hijo o hija.

R: Estas frases no se excluyen. Puedes querer y apoyar a una persona, pese a no compartir sus creencias. Más aún, una creencia no necesariamente es inalterable. El paso del tiempo, conocer a nuevas personas y nuestras experiencias modifican cómo vemos el mundo. Algunos de esos momentos consolidan más nuestros valores o fe, otros modifican y reorganizan esas ideas. Las personas siempre aprendemos y resignificamos el mundo que nos rodea.

En este punto, estás experimentando un proceso que incluye el cariño que le tienes a tu hijo y cómo ese amor se cruza con tus creencias. Es importante hablar con los demás y tener la disposición de aprender y crecer. Comparte tus temores con tus amigos, familiares y tu hijo. Pregúntale de qué manera sus creencias contribuyen y definen su identidad; recuerda que también tiene fe y que su sexualidad puede cruzarse con sus creencias de muchas maneras. Tal vez descubras que tu hijo ha investigado sobre ciertos aspectos de su fe y puede compartir lo que le ha ayudado a reconciliar sus propias creencias. O también se siente perdido, pero juntos pueden buscar herramientas para aprender más sobre sus creencias y religión.

Catalina (una señora católica que crio a sus hijos con esa misma fe) tiene un hijo que salió del clóset a los quince años. Después de contarle, Catalina se planteó muchas preguntas sobre su religión, estudió varias traducciones de la Biblia y regresó, una y otra vez, a la idea de que Dios es amor y creador de todo y todos. Conectó ese sentimiento con la idea de que había un motivo por el que su hijo y ella estaban vivos: "Tal vez mi hijo es gay para que yo pueda enseñar a los demás qué significa serlo. Tal vez estoy aquí para apoyarlo. Puede ser muy duro cuando eres cristiano o católico, pero en última instancia, mi religión es entre Dios y yo, no entre el mundo y yo".

Quizá, tras tu propia exploración, sacas una conclusión distinta sobre tu fe, y ésta te acercará a tu hija. También puede ser que esta búsqueda por el conocimiento sea poderosa y consolide tus creencias, o bien, no encuentres la forma de reconciliar por completo tu fe con la sexualidad de tu hija. Es normal. Amas a tu hija, y esto quiere decir que también puedes respetar sus creencias. Siempre y cuando exista el respeto mutuo, perpetuamente habrá lugar para el diálogo y el crecimiento.

En la sección de Recursos (página 195) encontrarás herramientas que te ayuden a fomentar una conversación detallada en torno a la fe y la sexualidad. Aprovecha estos materiales para meterte a fondo en este proceso reflexivo; te pueden ayudar a entender mejor tu fe, a tu familia y la sexualidad.

P: **Quiero que mi hijo o hija sea feliz, pero creo que el matrimonio debería ser exclusivo de un hombre y una mujer.**

R: Hay dos formas de entender el matrimonio: desde la perspectiva legal y espiritual. El matrimonio legal define y afecta derechos jurídicos como los impuestos, la propiedad y la asistencia médica; en cambio, el matrimonio en las instituciones religiosas refleja el reconocimiento del compromiso ante los ojos de un poder superior. Se trata de dos definiciones completamente distintas de una palabra; por eso, el debate en torno al matrimonio gay suele ser tan confuso. Pregúntate: ¿crees que tu hijo no debe tener derechos legales o consideras que tu religión no debe reconocer su enlace? ¿Qué tienen que ver tus creencias religiosas con el aspecto legal del tema?

Desde el punto de vista jurídico, el matrimonio es clave para asegurar que tu hijo esté protegido. Esto quiere decir que si tu hijo enferma y requiere que lo internen en el hospital, su pareja podrá estar a su lado, apoyándolo y amándolo. Quiere decir que si tu hijo pierde

"Nos cambiamos a una congregación más tolerante"

Mi hijo salió del clóset hace poco más de un año. Gracias a Dios, mi esposa y yo pudimos transitar bastante rápido el camino entre oponernos al matrimonio homosexual y ser los padres amorosos y comprensivos de un joven gay. Fue un recorrido lleno de obstáculos, traumas y nos obligó a dar un vuelco de 180 grados. El catalizador fue nuestro hijo Jordan, pero el medio de nuestra transformación fue el amor. El Señor estuvo presente antes de que Jordan saliera del clóset, definió nuestras ideas y nos preparó.

Desde entonces, el Señor nos ha guiado y conducido, pero, sin duda, nos ha permitido aprender y crecer a partir de la experiencia. También hemos sentido su mano en las nuevas y maravillosas amistades que tenemos con muchos amigos LGBT.

Sin embargo, sabemos que nuestro recorrido no es el tradicional. A medida que nos hemos enterado del camino y las circunstancias de muchos, hemos comenzado a valorar las adversidades de la experiencia LGBT. Además, hemos empezado a entender la complejidad que implica entender la homosexualidad en todas sus facetas.

Mi esposa Wendy y yo empezamos a comunicarnos con familiares y amigos poco después de que Jordan saliera del clóset. Nos reunimos con nuestro obispo. Empezamos a tener reuniones individuales con los líderes juveniles y académicos de Jordan, pues consideramos que su papel era ayudarnos y serían comprensivos.

Buscábamos aceptación y apoyo para Jordan y para nosotros mismos.

En general, nuestra familia y comunidad han sido maravillosas con Jordan. Para darle crédito a toda nuestra familia, nadie lo ha tratado diferente. Para muchos esto sería un éxito sin precedentes. Y lo es, pero Wendy y yo queremos más.

¿Acaso la aceptación es lo mismo que el apoyo? A Jordan le va muy bien en la mayoría de los entornos sociales y religiosos, pero cuanto más "gay" sean sus gestos, la aceptación se torna más tibia e incómoda. Cuando hemos declarado nuestra postura de inclusión de las personas LGBT, la respuesta es un silencio sepulcral y evasivo. Ni siquiera de quienes abiertamente se oponen, sino de muchos que se dicen apoyar.

En nuestra iglesia la mayoría consideraba nuestra situación con lástima, tristeza, otros más con compasión, pero la incapacidad de contemplar realidades fuera de las costumbres comunes impedía que nos brindaran su apoyo real. Algunas amistades que tenía en la iglesia desde hacía más de diez años se marchitaron y desaparecieron en cuestión de semanas. Muchos expresaron tristeza de que "padeciéramos" un desafío tan inmenso y no había disposición para llegar a un acuerdo sobre lo que se consideraban amenazas culturales. Nos sentimos muy aislados en nuestra propia comunidad y me di cuenta de que nos estaban evitando.

No hubo un esfuerzo organizado para corrernos de la iglesia, pero cuando una colectividad menosprecia a las personas, el resultado es el mismo. Con el tiempo, mi esposa y yo decidimos irnos a una congregación más tolerante, pero yo sigo recordando con amargura aquellas sólidas amistades perdidas. Es difícil no pensar que el rechazo que vivimos equivale a que Dios y nuestra religión nos rechazaron. Es particularmente difícil para mis hijos adolescentes distinguir entre miembros insensibles y la colectividad de una iglesia.

Mi fe resiste gracias a la fuerza de mi relación personal con nuestro Señor. Sé que Él ama a mi hijo con la misma intensidad, que antes de que saliera del clóset. Dios siempre ha sabido quién es mi hijo. Todavía no tengo todo claro, pero sé que mi amor será un mejor ejemplo del amor de mi Salvador para mi hijo que cualquier otra cosa que diga la iglesia.

—*Tom, 52*

a una pareja con quien compartió un hogar durante veinte años no tendrá que pagar impuestos por la herencia de esa propiedad. Si su pareja tiene seguro médico, también podrá recibir esos beneficios. El matrimonio legal supone que si tu hijo y su pareja deciden tener hijos no tendrán que esperar meses, incluso años, para que sus nombres figuren en el acta de nacimiento de sus hijos. El matrimonio legal se centra en los derechos jurídicos y nada más.

En un contexto religioso, el matrimonio puede tener muchos significados. Hay religiones que aceptan el matrimonio gay; otras, no. Muchas religiones no ofician ciertos matrimonios en sus templos porque creen que su religión no acepta ese enlace y, por lo tanto, tampoco su congregación. Una vez más, aquí entra en juego una interpretación personal de la fe. Tal vez temes que tu religión no reconozca el enlace de tu hijo. Sin embargo, puedes no opinar lo mismo y creer que tu religión podrá y, de hecho, reconocerá el amor que tu hijo comparte con su pareja. Puedes seguir amando y respetando a tu hijo y a su pareja, pese a tener distintas interpretaciones de tu fe.

Si tu hijo quiere celebrar su matrimonio con una ceremonia, no debe realizarse en un lugar que no acepte su enlace. Esta ceremonia no exige que todos acepten sus creencias religiosas. Para muchos, el objetivo de un matrimonio religioso es declarar su amor a su pareja frente a sus seres queridos y, para otros, frente al poder superior en el que creen. Puedes querer a tu hijo y a su pareja y estar presente entre sus seres queridos, sin compartir sus creencias espirituales. También puedes apoyar el matrimonio gay desde la perspectiva legal para asegurarte de que tu hijo esté protegido, sin tener que hacer una declaración concluyente sobre tus opiniones religiosas.

De la misma forma en que no le quitaríamos los derechos a un individuo que practica una religión distinta a la nuestra, debemos estar seguros de nuestra relación con nuestra fe, sin negar los derechos matrimoniales a otros. En lo que respecta a la espiritualidad, tus creencias pueden cambiar con el paso del tiempo. Y no es señal de fracaso sino de madurez; la fe evoluciona, junto contigo. Esfuérzate para ser una presencia constante en la vida de tus hijos, no les cierres las puertas, ni a sus parejas, a partir de sus creencias espirituales.

P: **¿Cómo hablo con mis familiares y amigos religiosos para ayudarles a entender?**

R: Cuando platiques con tus amigos y familiares religiosos, sin importar si su religión define sus opiniones sobre la sexualidad, es importante recordar que el objetivo no es convencerlos de nada, sino recordarles que quieres a tu hijo. En estos casos, es común querer terminar la conversación con un éxito rotundo; queremos explicarles a nuestros hermanos o padres o amigos que pueden seguir apoyando a nuestros hijos y, al mismo tiempo, mantener su fe; y queremos que lo crean en la misma medida que nosotros. No es justo y no es la única forma de tener una conversación productiva y valiosa. Discrepar es normal y cuando se trata de la religión no hay respuestas correctas. En las conversaciones en torno a la religión hay que recordar que nuestras creencias son muy personales y nadie debería juzgar si son correctas o incorrectas.

Para prepararte para este tipo de conversaciones, un lema muy útil es "espera lo mejor y prepárate para lo peor". No hay manera de saber el desenlace con anticipación, a veces quienes esperamos que sean los más cerrados terminan apoyándonos con la mente y el corazón abiertos. Otras, la respuesta no es tan positiva y nos enfrentamos a un complicado laberinto de versículos de la Biblia, principios morales y enseñanzas de la Iglesia. No te predispongas a que tu interlocutor rechace a tu hijo, lo que le vayas a contar o a ti. Hacerlo propicia esa reacción. Comunícate con asertividad y apertura, y no asumas nada.

Para facilitar el diálogo, prepara respuestas a temas puntuales que se puedan suscitar. Si tu interlocutor cita algún pasaje de la Biblia o cuestiona tus capacidades como padre, prepárate para responder con ideas informadas. Frente a un desafío, la seguridad en tus creencias basta para llevar la conversación en una dirección positiva. No es necesario expresar tu postura más de una vez; haz tu mejor esfuerzo por no discutir, mejor expresa tus opiniones. Quizá tu interlocutor dirá algo más o menos así: "Es tu responsabilidad obligar a tu hijo a que le dé la espalda a ese estilo de vida". A lo que podrías responder: "Entiendo tu opinión, pero, para mí, mi responsabilidad como padre es amar y apoyar a mi hijo. Eso pienso hacer y con gusto seguiré compartiendo mi decisión, siempre y cuando recordemos respetar nuestras opiniones". Hay una variedad de recursos, impresos y en línea, que citamos al final de este libro para ayudarte a entender mejor los distintos ángulos religiosos. Antes de tener este tipo de conversación, revisa los materiales. Estar listo te ayudará a sentirte más seguro con tu discurso y a explicar mejor tu opinión.

Por último, es importante escuchar lo que tu interlocutor tiene que decir, aunque no estés de acuerdo. Así como tienes ideas fervientes para apoyar a tu hijo y tu propia fe, también los demás tienen sus propios argumentos. En muchos casos, amigos y familiares pueden pasarse de la raya y ser demasiado impulsivos, pero por el cariño que le tienen a tu hijo y por el miedo que les inspira esta situación. Si estás dispuesto a escuchar sus inquietudes, podrás entender mejor las complejidades de su perspectiva. Escuchar lo que tienen que decir (sobre todo si no están de acuerdo) fomentará un diálogo más fértil. Responde con honestidad y compasión. Subraya que quieres y apoyas a tu hijo y que tu prioridad es su felicidad. Ten la disposición de responder preguntas y, si muestran interés, ofréceles los mismos recursos que consultaste. Salir del clóset no se reduce a un solo momento y, del mismo modo, estos diálogos no terminan con la primera conversación. Ten la voluntad de volver a hablar, sé paciente y haz que el amor sea tu prioridad.

P: ¿Mi hijo o hija podrá ser religioso?

R: Al igual que tu fe tiene altibajos, también la de tu hijo. La fe es una experiencia personal y, por tanto, para todos es distinta. Tener una relación con un poder superior o un sólido sistema de creencias no le está negado a nadie en virtud de su sexualidad. Hay grupos dentro de cada religión que practican su fe celebrando a todos los individuos, que no juzgan ni les cierran la puerta a quienes se identifican como LGBTQ. Académicos de todo el mundo han publicado numerosos libros que detallan interpretaciones y análisis, en constante evolución, de distintas religiones, y hay muchos lugares de culto que aceptan con los brazos abiertos a individuos LGBTQ. La fe es para el que la busque.

A lo mejor, después de salir del clóset (o desde antes) tu hijo ha dejado de mostrar interés en su fe. No siempre es un cambio permanente. Es perfectamente posible que siga teniendo fe y que necesite tiempo para ajustar o reexaminar sus creencias, a la luz de este nuevo contexto. Si tu familia asiste a un templo que exige que los individuos LGBTQ cambien, o les cierra las puertas, es posible que tu hijo sienta que la religión lo rechaza. Es una razón muy válida para que examine sus creencias, pero no quiere decir que nunca hará las paces con su religión desde otra perspectiva. Querrá encontrar otro lugar de culto en donde se sienta más cómodo. Pregúntale qué está experimentando, qué sentimientos asocia con la religión y escucha su experiencia. Comparte tu propia interpretación de la fe y ayúdale a encontrar recursos que aborden sus inquietudes. Quizás, en lo que se refiere a la aceptación y la religión, libraste una batalla distinta, o alguna amistad experimentó un reto similar. Comparte esas experiencias y mantén las puertas abiertas para seguir hablando sobre el tema.

Es fundamental no obligar a tu hijo a practicar su fe como tú quisieras. En el curso de su vida, replanteará su relación con su fe, descubrirá que su experiencia fortalece su relación con la religión o que no quiere practicar ninguna religión. Es importante recordar que la sexualidad no es el único factor en juego a la hora de tomar decisiones con respecto a la fe. Sin importar el camino que elija, necesita explorarlo a su manera. Puedes compartir tus sentimientos, invitarlo a tu templo pero, si se niega, debes respetar su decisión. En vez de acusar o asumir ("¿Otra vez vas a faltar a la iglesia esta semana?"), intenta: "Nos encantaría que vinieras a la iglesia con nosotros, hoy o en cualquier otro momento". Quizá tu hijo no quiere hablar sobre el tema o compartir su proceso contigo. Y aunque puede ser muy frustrante, no es un rechazo: está lidiando con una montaña de pensamientos y sentimientos, y no es fácil comunicar muchos de ellos. Asegúrate de que sepa que siempre tienes la disposición de platicar, menciónale a otras personas dispuestas a hablar con él y sé paciente.

"Soy cristiana y gay"

·················

Nunca me imaginé que salir del clóset me acercaría a mi fe, pero así pasó. Aunque recibí una educación muy religiosa viviendo al sur de Estados Unidos (tal vez precisamente por eso), nunca pude hacer "clic" con el cristianismo. Todos los domingos íbamos a una iglesia colosal, los miércoles en la noche a un grupo pequeño y rural de jóvenes cristianos (porque me gustaba una de las asistentes), pero en ambos entornos me sentía un fraude. No lloré durante *La pasión de Cristo* como los demás, tampoco me conmovían los bautizos que se proyectaban en pantallas en la iglesia, que más bien parecían para un concierto de rock.

Las injusticias históricas que el cristianismo perpetró me parecían decepcionantes y, al mismo tiempo, me aterraba irme al infierno. Me comprometía una y otra vez con Cristo, con la esperanza de sentir algo. Pero sólo tenía "pensamientos impuros" muy confusos que me atormentaban durante las fervientes ceremonias cristianas. Estaba convencida de que mi correligionarios descubrirían que no era como ellos.

Aunque no era capaz de conectar con el cristianismo, me fascinaban los misterios de la creación, la consciencia humana y la vida en el más allá. En la universidad hubiera preferido llenar los formularios con la respuesta "espiritual, no religiosa". Para mí, "religión" equivalía a dogmas y odio, mientras que "espiritualidad" se relacionaba con libertad y tolerancia. En cualquier caso, extrañaba el ritual, el simbolismo y la comunidad de la iglesia. Quería practicar mi religión todos los días. Entiendo el mundo a través de las palabras y quería tener un libro de consulta al cual regresar una y otra vez por su belleza y metáforas.

Cuando salí del clóset todo empezó a acomodarse. Platiqué con la mamá de una amiga, que era pastora, sobre nombres alternativos para Dios. En vez de utilizar el término patriarcal de "Padre", podía utilizar: *Protector, Guardián, Eterno, Poderoso*. Empecé a leer la Biblia y a disfrutarla. Me ayudó leer el texto, con el contexto histórico en mente y a través de una lente absolutamente metafórica. Platiqué con mi pareja sobre su experiencia como presbiteriana, la discreción de su religión, el énfasis que le ponen al servicio y la comunidad. Me preguntó si quería acompañarla a la iglesia, y fui con escepticismo, por decir lo menos. Fuimos a la Iglesia Comunitaria Metropolitana (una denominación protestante que participa con la comunidad LGBTQ) y mi mundo cambió por completo.

Las bancas estaban llenas de familias de todo tipo. Los libros de himnos tenían lenguaje incluyente. Parejas gay se formaban para comulgar y rezar con los ministros, abrazados y formando un círculo estrecho. Por primera vez en mi vida comulgué. La experiencia me conmovió a tal grado que lloré.

Dentro de poco empecé a asistir a estudiar la Biblia ahí y aprendí lo que implica ser cristiana y gay. Para estos hombres y mujeres, Jesús es un protector, defensor de los débiles, los otros, los marginados. Admiraban a las heroínas de la Biblia y subrayaban que en la Biblia hay más amor y generosidad que odio y dogma.

A veces la gente se sorprende cuando le digo que voy a la iglesia, como si ser cristiana y gay fuera incompatible. Entiendo la confusión. Pero volví a explorar el cristianismo a raíz de que salí del clóset. Esto me ayudó a aceptar y amar a mi verdadero yo. Ya no tengo secretos ni vergüenza, tampoco miedo ni mentiras. Por fin sentí que me conocía bien y eso implicaba que podía dar y recibir más amor y conexión, esta vez mediante el marco de la religión.

Sigo aprendiendo qué significa el cristianismo y cómo vivir en paz con su turbulenta historia. Para mí es muy satisfactorio recuperar la religión que de joven me oprimía y aterraba. Y la buena noticia es que las cosas están cambiando muy rápido: cada vez hay más iglesias que le dan la bienvenida a miembros gay, que celebran enlaces entre parejas gay y ordenan a ministros gay.

—*Alyse, 26*

EN CONCLUSIÓN

✠ Cuanto más abras tu corazón y mente para entender que Dios ama a tu hijo tanto como tú, será más fácil confiar en ese amor y apoyarte en él durante este proceso.

✠ Para amar y respetar a tu hijo, no tienen que estar completamente de acuerdo. El amor y respeto fomentarán un diálogo necesario sobre sus opiniones discrepantes en torno a la fe.

✠ El *matrimonio* tiene dos significados distintos, uno en el plano espiritual y el otro en el legal. Es posible conservar tu fe y apoyar los derechos igualitarios y legales para tus hijos.

✠ Ten la disposición de escuchar a tus familiares y amigos religiosos; recuerda que sus inquietudes surgen del amor y el miedo.

✠ Ten paciencia mientras tu hijo experimenta una relación cambiante con su fe. Recuerda que el trayecto suele profundizar y fortalecer nuestra relación con la fe.

Capítulo 7: Cuestionar el género

El género es uno de los aspectos más complejos de la identidad. Cuando nacemos, a la mayoría se nos asigna un género a partir de nuestros genitales. Según nuestras partes corporales, alguien (generalmente un médico) nos declara niño o niña. Ese género asignado interactúa con muchísimas capas de información genérica que vamos recopilando en el curso de nuestras vidas; somos conscientes de algunas, mientras otras se filtran sin que nos demos cuenta. La música, los periódicos, los programas de la televisión, las revistas, los juguetes infantiles, las profesiones, los comerciales, todas estas cosas nos dicen qué *debería* significar ser niño o niña. Antes de que un niño o una niña nazca, su infancia ya está pintada de color azul o rosa. Estudios han demostrado que el tono de voz que emplea la gente para hablarle al vientre de una persona embarazada varía si es niña o niño.

Hay personas que están de acuerdo con el género que les asignaron al nacer, pero también hay quienes sienten que esta designación no corresponde con ellos. La identidad de género describe la relación subjetiva de un individuo con su género. De una u otra forma, todos tenemos una relación con nuestro género, incluso si corresponde con las expectativas sociales en términos generales. Si sientes que el género que te asignaron al nacer coincide con cómo te sientes, a esto se le conoce como *cisgénero*. Sin embargo, puede ser que tu hijo tenga una relación totalmente distinta con el género que le asignaron. Tal vez sienta que esa designación se basa exclusivamente en sus genitales, pero no expresa su identidad con precisión. Quizá sienta que sus genitales son irrelevantes para su identidad de género y que considera que ésta se basa en muchísimos otros factores. Tu desconocimiento de este proceso puede hacer que la experiencia sea agobiante y confusa. Aquí la clave es el conocimiento. Cuanto más te informes sobre el género y sobre lo que tu hijo sabe de su propio género (en constante evolución), más lo podrás acompañar en este proceso.

Cuando escribimos este capítulo platicamos con chicos y chicas que se están cuestionando su género o que no se identifican con el que les asignaron al nacer, así como con sus padres. Estas conversaciones inspiraron las siguientes preguntas, respuestas o historias. Te invitamos a consultar el glosario (página 187) cuando encuentres un término desconocido.

———

P: ¿En qué difieren la *identidad de género* y la *orientación sexual*?

R: De la manera más simplista posible, la *orientación sexual* se refiere a las personas que te atraen, y la *identidad de género* se refiere a ti, como individuo. El género de la persona que te atrae (de forma romántica o sexual) ilustra tu orientación sexual, y tu identidad de género gira en torno al género que te hace ser tú.

Para algunos el género es una experiencia que presenta dos escenarios ineludibles: les asignaron el género femenino al nacer, pero se identifican como hombres y, en consecuencia, pueden hacer una transición. Para otros, el género es una compleja red de percepciones y la identidad no depende de dos escenarios, sino explorar el significado de esos elementos. Estos individuos se pueden identificar más allá de "masculino" o "femenino"; puede ser una combinación de ambas ideas o un concepto siempre en cambio y transición. Hay muchos términos que se emplean en esta conversación, y todos ellos entran en la categoría de *trans**. El asterisco es el símbolo de la variedad de identidades y percepciones dentro de la comunidad. Éstos son algunos términos y definiciones comunes:

- **Cisgénero:** una identidad de género en la que el sexo que se le asignó a alguien al nacer corresponde con cómo se identifica en la esfera social, emocional y física (es decir, un *hombre biológico* que se identifica como *hombre* es un *hombre cisgénero*).
- **Género fluido:** una identidad de género en la que el individuo contempla su género como algo fluido, es decir, en constante movimiento.
- **Queergénero:** compendio de identidades que describe a aquellos cuya expresión o identidad de género no coincide exactamente con el que les asignaron al nacer, y para quienes el género es mucho más complejo que ser "masculino" o "femenino".
- **Transgénero:** se utiliza para describir a una persona cuya identidad de género no corresponde con el que le asignaron al nacer.

La identidad de género no define directamente la orientación sexual, así como la orientación sexual no define directamente la identidad de género. En otras palabras, tu identidad no indica quién te gusta, así como tampoco quién te gusta no condiciona tu identidad. De vez en cuando, ambas cuestiones se superponen, pero no siempre, y no son predecibles ni constantes. Se puede decir lo mismo de la identidad de género y la orientación sexual. No hay manera de definir una a partir de la otra.

P: Mi hijo o hija está cuestionando su género. ¿Qué significa?

R: Si tu hijo se está cuestionando su género, esto quiere decir que no se identifica con el que le asignaron al nacer. Si nunca has cuestionando tu género puede ser muy difícil entenderlo, así que ten paciencia a medida que vas aprendiendo sobre una experiencia que suele ser muy complicada tanto para tu hijo como para ti. Cuando los niños y las niñas van creciendo, empiezan a explorar su identidad y a cuestionar muchos aspectos de su vida: la religión, sus metas y carreras profesionales, creencias políticas, identidad cultural y, en ocasiones, orientación sexual e identidad de género. Algunos de estos aspectos se nos dificultan y otros se nos facilitan. Tal vez nunca te has cuestionado cómo te relacionas con el género que te asignaron al nacer, pero en tu adolescencia exploraste tus creencias espirituales, opiniones políticas o historia cultural. El proceso de explorar y cuestionar el género es similar a estas otras exploraciones, pues se trata de reflexionar sobre un aspecto de tu identidad que puede o no encajar con los conceptos, ideas e identidades que te otorgaron. Lo que distingue la conversación en torno al género es que no se debate abiertamente en muchos hogares, así que tu hijo puede sentirse muy aislado.

Intenta brindar todo el apoyo posible. Cuando se trata de la identidad y explorar algo tan complejo como el género, nadie tiene la misma experiencia, y es mejor hacerlo rodeado de gente que te apoya y escucha. Del mismo modo que es imposible dictar a nadie quién le debe atraer, qué comidas disfrutar, qué música escuchar o qué color de ojos tener, tampoco se le puede decir cómo identificarse cuando se trata del género. Seguramente te incomodaría identificarte con uno distinto del que te asignaron al nacer; utiliza esas circunstancias imaginarias como un puente para entender que para tu hijo es igual de incómodo intentar "encajar" con el género que le asignaron al nacer.

Como siempre, hablar con tu hijo sobre su proceso es fundamental para entender a qué se refiere cuando dice que está cuestionando su género. Si utiliza términos para explicar cómo se identifica y no los entiendes, es perfectamente normal pedirle que te explique su significado. El género es una experiencia muy personal, por lo que no existe "una" sola definición para la mayoría de los términos. Tu hijo puede salir del clóset como queergénero, transgénero o algo más. Si titubea para sincerarse y responder algunas de tus preguntas, consulta otros recursos para informarte sobre la identidad de género y su expresión. Cuando sea posible, acude a otros padres que hayan tenido experiencias similares; en muchas localidades hay grupos de apoyo y también existen muchas comunidades en línea en donde puedes hablar con la gente, hacer preguntas y compartir historias.

P. **Mi hijo o hija se está vistiendo diferente. ¿Esto quiere decir que es transgénero?**

Durante mucho tiempo odié mi atuendo. No me gustaba cuando la ropa se me ceñía al cuerpo, me sentía rara. No sé por qué ni cuándo, pero recuerdo esa incomodidad como si fuera ayer. Me tomó mucho tiempo darme cuenta de que lo que quería y lo que quería querer eran dos cosas muy distintas. Quería verme bien, sentirme bien y vestirme como los chicos que veía en la tele. Al mismo tiempo, quería que mi mamá creyera que era bonita, que mi papá creyera que era cool y que la gente supiera que era niña. Ahora siento mucho contento y orgullo de ser quien soy. No me visto con ropa de hombre porque quiera que la gente crea que

"Di a luz a una niña, pero crie a un hombre"

. . . .

Tengo una foto de mi hijo con una camiseta que dice *"(FAAB)bulous"*. Aunque para la mayoría no significa nada, a mí me despierta muchas emociones. En inglés, *FAAB* quiere decir: sexo femenino asignado al nacer. Mi hijo es transgénero. Es hombre, pero su camino ha sido mucho más desafiante que para la mayoría. Ha sido extenuante, y no lo ha recorrido solo.

Mi esposo y yo decidimos tener un bebé a mitad del posgrado; entonces nos pareció razonable. Di a luz dos semanas después de recibir mi candidatura al doctorado. Cuando Zak era pequeño, le contaba a la gente que, de haber nacido niño, sí hubiera creído en las diferencias innatas de género, porque a juzgar por los estereotipos era más niño que niña. Siempre fue un espíritu libre, nunca encajó en los papeles tradicionales para las niñas de su edad, pero tampoco en el molde masculino. Mientras las niñas de su edad imitaban a las estrellas de pop, él era la única niña en los torneos locales de Pokémon. Se disfrazó de Harry Potter en Halloween, a pesar de que se parecía mucho a Hermione. Ah, y se enojó cuando no lo dejé cortarse el pelo como Anakin Skywalker.

Nos parecía único en todo sentido y lo defendimos ante un mundo que le exigía que "se portara como niña". A su papá y a mí nunca nos importó que su expresión de género no correspondiera con las reglas sociales. Le enseñé a ir al baño en los centros comerciales, y su papá, en la naturaleza.

La sociedad intentaba obligarlo a cumplir con el paradigma femenino. A su maestra de primero de primaria le preocupaba que en los recreos jugara con sus dinosaurios de plástico. Su solución al "problema" fue sugerir reuniones de juego con las niñas de su salón.

Con las mejores intenciones, sus abuelos le enviaban hermosos vestidos con olanes. Yo le preguntaba si quería ponérselos y siempre me respondía: "No, me gustan mis jeans y camisetas".

Su primera adolescencia fue muy turbulenta en el plano emocional. En muchas ocasiones se sintió desanimado, y yo siempre agradecía que no faltara a su terapia semanal. A los catorce nos dijo que era lesbiana. Tenía sentido. Parecía más contento y aliviado. Ya se podía cortar el pelo muy corto, si quería; y la gente entendía mejor que no se pusiera vestidos y comprara ropa en el departamento de chicos. Sin embargo, nos pareció peculiar que escribiera un cuento en el que el personaje principal cambiaba de niña a niño. No supe qué hacer con esa información y se la atribuí a su asombrosa creatividad.

Tanto su papá como yo aceptamos su orientación sexual, cada uno a su manera. Empecé un grupo PFLAG [Padres, familias y amigos de lesbianas y gays] y a él le preocupaba la seguridad de nuestro hijo. En esos años fuimos a varios eventos del Orgullo, yo como mamá PFLAG y él, como el protector, se quedaba atrás para estudiar a la multitud e identificar a cualquiera que pareciera amenazar a su amado hijo.

La universidad supuso un mundo de nuevas experiencias, ideas y personas. Al terminar su primer año, Zak empezó a encontrar las palabras para expresar su identidad. Me contó sobre el término queergénero. Escucharlo hablar, cuestionar lo que siempre había creído sobre su identidad y llegar a la conclusión de que era transgénero, me facilitó aceptarlo. Sabía que iba en serio.

Como podrán imaginar, a su papá le preocupó su seguridad todavía más. No lo culpo porque la violencia contra las personas transgénero es una realidad lamentable. La transfobia se sigue aceptando, incluso en lugares en donde se rechaza la homofobia, o por lo menos no se dice en voz alta. La transición le preocupa y lo hace reflexionar, pero ama a nuestro hijo incondicionalmente. Como padre, no recibe el embate de la "culpa" por haber criado a un hijo transgénero. Ese honor me corresponde como madre. Se cree que fui demasiado tolerante, primero cuando fue lesbiana y después, hombre. Soy un blanco fácil porque no reaccioné como se esperaba. La narrativa tradicional para los padres de niños transgénero incluye el desconsuelo, la vergüenza, la aflicción. Algunos de mis queridos amigos "virtuales" en mi grupo de apoyo lo encarnan. Pero no sólo fue mi versión de los hechos. A mis allegados les preocupaba que estuviera en negación o que incluso lo obligara a hacer su transición. Era difícil explicar que no fue ninguna de las dos cosas. Nunca he sentido que he perdido una hija porque para mí nunca fue mi "hija", siempre fue un individuo. Para otros, las cosas hubieran resultado distintas si yo hubiera insistido o reforzado su feminidad o, por lo menos, no haberlo "apoyado" en su transición. Nuestra relación habría sufrido un daño irreparable si yo hubiera optado por reprimirlo. No haber recibido el apoyo y el amor de su familia hubiera sido devastador.

Aceptar su transición, aparentemente al instante, me convirtió en heroína de la comunidad LGBTQ y en madre negligente y alcahueta para el resto del mundo. La verdad es que no soy ninguna de las dos. No es heroico amar a tu hijo con todo tu corazón pese a su orientación sexual o identidad de género. No es negligente permitirle ser su verdadero yo.

Mi posición es emotiva: estoy feliz por mis hijos, orgullosa por los adultos en quienes se han convertido; me enfurecen quienes rechazan el concepto transgénero, me indigna la violencia y discriminación que enfrentan nuestros hijos e hijas transgénero y también me siento incómoda. Todavía me desagrada cuando me encuentro a alguien a quien no he visto en años y tengo que responder cómo están mis "hijas". Sé que podría salir de paso respondiendo "están bien", pero no puedo fingir que tengo dos hijas.

Este mes, nuestro hijo cumplió veintinueve años. Está casado con una mujer maravillosa y está estudiando un posgrado con la intención de ser profesor, siguiendo los pasos de su padre, su abuelo y yo. Criar a este joven maravilloso ha sido interesante. No lo cambiaría por nada del mundo. Sólo los padres de otros chicos y chicas transgénero entienden la montaña rusa de emociones diaria. Sólo nosotros sabemos cómo se siente cuando, tarde o temprano, esa montaña rusa disminuye la velocidad y, por fin, el suelo se siente firme. Sólo la madre de un hombre trans puede decir: "Di a luz a una niña, pero crie a un hombre".

—Sherri, 56

hay algo en especial sobre mí. Simplemente me siento más yo en ropa de
hombre. Nunca me he querido parecer a lo que los demás creen que es
una mujer.

—Dan

R: Desde que nacemos, se espera que nos comportemos de cierta forma, según el género que nos asignaron. Esto toca muchos aspectos de nuestras vidas y la ropa es un componente fundamental de esas expectativas en torno a la conducta. Aunque cada vez nos vamos alejando más de la época en la que se esperaba que las mujeres usaran vestidos y los hombres pantalones, todavía tenemos nociones muy arraigadas de cómo deberíamos vestirnos según nuestro género. Las tiendas departamentales se siguen dividiendo así y las campañas publicitarias quieren consolidar esta división. La realidad de las cosas es que la ropa no define el género y, para muchos, el género no condiciona lo que decidamos ponernos en nuestro día a día. El gusto en la ropa es sólo una parte de cómo entendemos nuestra identidad y aunque esa parte puede ser una expresión de nuestra identidad de género, no siempre es así (o casi nunca). No siempre cómo nos sentimos por dentro define cómo decidimos expresarnos por fuera, por lo cual la manera en que tu hijo decida vestirse no es un indicador irrefutable de su identidad de género.

Si tienes dudas de por qué tu hijo prefiere vestirse de cierta forma, ¡pregúntale! Pero no lo hagas en tono acusador ("No entiendo por qué te vistes así, a menos que quieras parecer una niña"); hazlo para propiciar un debate honesto y abierto ("¿Estás más cómodo vistiendo esa ropa, te gusta el estilo o hay algo más?"). El modo en que elija vestirse puede reflejar un estilo, puede basarse en la comodidad o ser una expresión más profunda de su identidad de género. Cualquiera que sea el caso, la capacidad de expresarnos y explorar es fundamental para nuestra identidad, y hacerlo con comodidad con nuestros cuerpos es clave para la autoestima y seguridad.

Keanan tiene dieciocho años y se identifica como transgénero; explica que siempre le gustó comprar su ropa en el departamento de chicos y, a medida que fue creciendo, la incomodidad que le provocaba la ropa de mujer se volvió más drástica. Cuenta: "Mi mamá no entendía por qué me sentía tan incómodo, y no tenía la terminología para comunicar esa sensación. Pese a lo mucho que mi mamá quería que vistiera ropa de niña, yo era profundamente infeliz de hacerlo".

Permitirle a tu hijo decidir qué ropa ponerse le ayudará a descubrir qué lo hace sentirse bien. Tu apoyo le permitirá sentirse mejor durante sus exploraciones, porque no sentirá que está haciendo algo "mal" por querer vestirse con la ropa etiquetada para un género distinto al suyo.

Acompañar a tu hijo de compras es una muestra inmensa de apoyo y respeto, pero sólo si estás listo. Si sabes que podrás ir y apoyar, ayudarlo a escoger ropa nueva, entonces ¡ve! Sin embargo, puede ser que no estés listo, que todavía estés informándote para entender ciertos aspectos de la identidad o vestimenta de tu hijo, y que ese proceso te impida apoyarlo en ese entorno específico. Si temes que cuando tu hijo esté escogiendo ropa te incomodará y se te notará, entonces no vayas. Sin embargo, comparte tu decisión. Cuéntale que te sigues adaptando a ciertas cosas, pero que tu objetivo es entenderlo mejor y ser capaz de apoyarlo. Una solución inmediata puede ser que tu pareja u otros hijos lo acompañen de compras. Sin importar si está explorando un nuevo estilo o temas de género más complejos mediante su ropa y estilo, necesitará tu aceptación. No importa lo que digamos, siempre querremos que nuestros padres nos acepten; siempre.

P: Mi hijo o hija quiere cambiar de nombre y usar pronombres diferentes, ¿qué hago?

R: Si tu hijo está cuestionando su género o se identifica como transgénero, queergénero u otro género distinto al que le asignaron al nacer, en algunos casos, parte de su viaje implicará cambiar de nombre y pedir que los demás (a ti también) hagan lo mismo y adopten su nuevo nombre y nuevos pronombres. Pensar en cambiarle el nombre a tu hijo te puede conflictuar o molestar. Tal vez tú mismo escogiste su nombre, quizá por motivos importantes para tu familia y para ti; tal vez sientas que está rechazando el nombre que elegiste. Encima de todo, estás acostumbrado a decirle a tu hijo por ese nombre y a usar ciertos pronombres. Pedirte que cambies todo eso puede ser muy frustrante y quizá puedes sentir que tu hijo está complicando demasiado las cosas para ti y su entorno. Estos sentimientos de frustración, tristeza y confusión son comprensibles. Se trata de un cambio monumental para ti y exige paciencia, esmero y diálogo para ayudarte a entender la perspectiva de tu hijo.

Contemplar su perspectiva te permitirá ser un sistema de apoyo en este viaje. A los individuos trans* les puede generar estrés emocional escuchar su nombre y pronombres de nacimiento si no corresponden con su identidad.

Zak, un hombre trans de veintitrés años, nos compartió su experiencia. Cuenta que para él siempre fue raro verse de un modo y que el mundo insistiera en negárselo. Escuchar el nombre y los pronombres equivocados era un rechazo. "Es como si te dijeran: 'No me importa lo que me acabas de decir o lo que prefieres. Te voy a ignorar. Tus sentimientos no me importan'." Cuando llamas a tu hijo por el nombre o pronombres que no quiere que utilices en público, lo puedes incomodar y poner nervioso porque transmite a los demás que no pertenece al género con el que se está presentando. Si en público utilizas el nombre femenino de tu hijo, puede sentir que les estás diciendo a los demás que "de hecho, no es un chico". Incluso en la privacidad de tu hogar, escuchar el nombre o los pronombres que no corresponden con la identidad de género de tu hijo puede ser confuso y frustrante.

Zak explica que cuando la gente utiliza su nombre y pronombres correctos, se siente como un ser humano. "Esa muestra de apoyo, reconocimiento, validación lingüística puede ser inmensa para una persona trans*. Para ser palabras tan pequeñas, el efecto es enorme." Por estos motivos, respetar el nombre y los pronombres que prefiere es clave para su bienestar emocional, incluso si no comprendes por completo la necesidad del cambio.

Puede ser difícil acostumbrarse a este cambio y es probable que no suceda de la noche a la mañana. Después de un tiempo, tu cerebro se reajustará y será natural usar el nuevo nombre y los pronombres. Hasta que eso suceda, es normal tener dificultades y a veces olvidarlo. Con la práctica y el tiempo será cada vez más fácil y se sentirá más natural. Cuando tropieces, no te tortures por tu error. Es un cambio muy grande y te tomará tiempo. Si utilizas los pronombres y el nombre anterior de tu hijo, discúlpate. Con una vez es suficiente, hacer el esfuerzo y reconocer cuando te equivocas lo será todo para tu hijo.

P: Mi hijo o hija quiere usar un baño público destinado a un género distinto al que le fue asignado al nacer. ¿Lo permito?

R: La respuesta breve es SÍ.

La réplica más detallada implica tener en cuenta varios factores, el más importante es su seguridad. Si lo común para tu hijo es que lo reconozcan por el género con el que se identifica, entonces, en términos generales, es seguro que utilice el baño de ese género. Dicho esto, determinar qué es seguro y qué no, es muy complicado. En términos generales, es recomendable que tu hijo utilice el baño que prefiera, cuando se sienta cómodo para hacerlo, o cuando crea que utilizar el baño de su género asignado al nacer podría crear un entorno inseguro. Incluso antes de su transición masculina, Keanan, de dieciocho años, recibía miradas y comentarios negativos o confusos en el baño de mujeres. "Seguir usando el baño de mujeres empezó a ser problemático, y no quería enfrentarme a problemas mayores como acoso físico o policial. Investigué mucho para saber cómo comportarme en el baño de los hombres y empecé a usarlo por comodidad y seguridad".

Tu hijo y tú conocen su comunidad y entorno mejor que nadie, así que deben considerarlos para tomar una mejor decisión. Sin importar en dónde vivan, si crees que lo reconocen con el género opuesto a la designación del baño que le gustaría usar, entonces deben debatir los posibles riesgos. Ante una amenaza verbal o acoso físico, la mejor opción es usar un baño individual, familiar o de género neutro. Anima a tu hijo a estar atento al entorno, a evitar los baños designados por género si se siente inseguro y, en la medida de lo posible, ir acompañado.

Si tu hijo está solicitando usar los baños de la escuela, entonces se trata de una cuestión un poco más compleja. Las políticas de los baños escolares dependen del estado en el que vives y la escuela específica. Consúltalo con la administración escolar e intenta llegar a una solución razonable, a partir de lo que sería mejor para tu hijo. Puede utilizar un baño de género neutro (como el baño de profesores o la enfermería), aunque prefiera el baño que corresponda con su identidad de género. Antes de hablar con la administración escolar, tu hijo y tú deben familiarizarse con las leyes de su estado en torno al reconocimiento escolar de las identidades de género de los alumnos; deben conocer perfectamente sus derechos. En algunos casos, se han tomado acciones legales para cambiar las políticas actuales de los baños, y en algunas zonas existe precedente para desafiar leyes discriminatorias, si quieren optar por ello. Consulta la sección de Recursos (página 195) para mantenerte al día respecto al panorama legal siempre cambiante.

P: **Mi hijo o hija quiere transitar al género opuesto.**
¿Qué hago?

R: Una transición implica que tu hijo quiere cambiar ciertos aspectos de sí mismo para vivir con mayor congruencia con su identidad, y para que los demás reconozcan fácilmente el género que corresponde con su identidad. Hay muchas maneras de hacerlo y ninguna se parece. La única manera de entender con claridad a qué se refiere tu hijo cuando habla de *transición*, es preguntarle directamente qué desea. Una transición puede contemplar muchos cambios, los cuales pueden ser sociales, hormonales o quirúrgicos, o todos ellos.

La transición social puede suponer una serie de cambios, desde cambiar el nombre y los pronombres a vestirse distinto o usar baños diferentes. Algunos están satisfechos con este tipo de transición. El hecho de que tu hijo se identifique como trans* no implica que querrá tomar hormonas u operarse. Por eso el diálogo es fundamental para entender a qué se refiere específicamente.

Para algunas personas transgénero las hormonas o la cirugía son componentes importantes para hacer realidad su identidad, pues les ayuda a compaginar su identidad interior con su aspecto físico. Es necesario entender que, así como algunas personas optan por la transición social (sin hormonas ni cirugía), hay quienes sí quieren tomar hormonas, pero no necesitan cirugía. En lo que se refiere a las hormonas, el estrógeno puede ayudar a desarrollar senos, alisar la piel y formar curvas, y la testosterona a desarrollar vello facial, agravar la voz e incrementar la masa muscular. En general, las transiciones quirúrgicas se realizan paulatinamente, y pueden suponer una serie de cirugías distintas, desde rinoplastia (nariz), depilación de frente, reconstrucción de pecho y reducción de senos o alteración de los genitales.

La conversación que tendrás con tu hijo dependerá de si es mayor de dieciocho años o menor. Si es menor, necesitará la autorización de sus padres para comenzar cualquier tratamiento hormonal. En general, un procedimiento quirúrgico exige que la persona tenga dieciocho años o más. Si tu hijo es mayor de edad, la decisión de iniciar un tratamiento hormonal o someterse a una cirugía es cien por ciento suya. En cualquier caso, es importante que seas parte del proceso. Infórmate sobre las alternativas y los cambios que verán, y asegúrate de que tu hijo tenga acceso a la misma información. Cuanto más sepan del proceso (ambos), mejor podrán hablar sobre la decisión, su salud y el camino a seguir. Si tu hijo es menor de edad, es importante consultar a un médico competente que esté familiarizado con los jóvenes trans. La pubertad puede ser particularmente traumática para ellos.

Erika Lynn cuenta que para ella la pubertad fue traumática, no por los cambios físicos que experimentó en su cuerpo, sino por las asociaciones que tuvo con esos cambios, y cómo la trató la gente en esa época. "El vello facial o en las axilas no me incomodaba, pero los chistes de la gente sí: "por fin es hombre", "un gorila peludo" u otros comentarios sobre cómo me veía más masculino o varonil eran terribles", recuerda. Debido a la posible incomodidad y traumas, muchas familias optan por bloqueadores hormonales, que suprimen temporalmente la pubertad hasta que los chicos hayan madurado lo suficiente, mentalmente, para dar su consentimiento informado para usar hormonas. Esto les dará tiempo para explorar su identidad de género, sin tomar decisiones prematuras.

Sera, de trece años, e hija de Amy, está tomando Lupron, un supresor hormonal. Amy le permitió tomarlo hasta que cumpla dieciocho, entonces ella podrá decidir si tomar estrógeno o no. Sera está en manos de un endocrinólogo, y tomará esa decisión con su médico. Es muy inusual que los médicos receten hormonas de género a los jóvenes menores de dieciocho años. Comparte con tu hijo todas tus preguntas e inquietudes, y a medida que las cosas progresen, mantén el diálogo abierto y constante. Si tu hijo tiene dudas, pregúntale si le interesaría recibir orientación profesional. Un terapeuta con experiencia puede ayudar a ambos a aclarar temas sobre su identidad de género. Explorar sus opciones también es pertinente para los niños y las niñas más pequeños. Muchos doctores requieren el acompañamiento o confirmación de un terapeuta para que sus pacientes no se precipiten a tomar decisiones sin previa reflexión. Consultar a un médico profesional con experiencia con otros pacientes transgénero te puede dejar tranquilo porque tu hijo estará en buenas manos. También puede ser útil consultar con un profesional los posibles riesgos y beneficios de las hormonas o la cirugía para que tu hijo esté bien informado. A muchos padres les incomoda la idea de que sus hijos se sometan a un cambio tan drástico o temen que las hormonas sean perjudiciales para su salud. Por eso es importante consultar con profesionales.

Para cualquier padre hablar sobre hormonas o cambios quirúrgicos puede ser aterrador porque implica cambios físicos en el cuerpo de sus hijos. Hablar con otras personas transgénero te dará una idea del tipo de cambios que tu hijo experimentará y cómo podría ser su vida en el futuro. Tal vez te sorprenda, para bien, saber que las hormonas o la cirugía han transformado positivamente la vida de algunas personas trans. No es inusual que las personas transgénero reporten que ya no están deprimidas o que se sienten comodísimas con su transición física. Desde luego, la experiencia es diferente para todos, pero hablar con personas de la comunidad trans* te puede dar una idea de las posibilidades para tu hijo. Recuerda que los cambios hormonales son muy similares a una segunda pubertad; no se trata de un trasplante de personalidad completo y breve, sino de un proceso largo y, muchas veces, complejo.

Habrá veces en las que no te sientas cómodo con los cambios que tu hijo quiere hacer mediante esta transición. Es normal. No se espera que te sientas cómodo con todas sus transformaciones. Sin embargo, debes hacer lo posible para llegar a un acuerdo. Por ejemplo, si tu hijo quiere acudir al médico para estudiar las opciones hormonales y no te sientes cómodo con eso, encuentra a otro familiar que pueda acompañarlo al médico. Si un cambio relativo a la transición es imposible por cuestiones financieras, ahora o en el futuro cercano, habla con él y explícale esos motivos. Un buen acuerdo sería crear un plan a largo plazo cuyo objetivo sea empezar a cumplir todas sus necesidades relativas a la transición.

A medida que tu hijo va creciendo, sobre todo después de haber hecho su transición social, es posible que cambien sus necesidades y deseos. El proceso de transitar no es estático ni inmutable, es dinámico. En distintas etapas de la vida de tu hijo sus necesidades serán distintas. Por ejemplo, en principio, Erika Lynn quería depilarse la frente en cuanto tuviera la edad de hacerlo. "Pero después de vivir como niña año y medio, depilarme la frente dejó de ser una necesidad (o deseo) para ser feliz", cuenta.

Recuerda que en este proceso de transición tu hijo siempre será tu hijo.

"Hace tres años empecé mi transición"

· · · · · · · · · · · · · · · · · ·

No soy de las personas que siempre supieron que era transgénero. Tengo amigos que recuerdan sentirse incómodos con su cuerpo desde que tienen memoria, y he escuchado historias de niñas de cuatro o cinco años muy molestas cuando les decían que eran niñas y se sentían niños. Cuando pienso en mi infancia, no recuerdo haber tenido una postura clara sobre el género. No me gustaban las cosas especialmente femeninas, nunca me gustó peinarme ni pintarme las uñas o comprar ropa. Pero tampoco me gustaban las cosas especialmente masculinas, era un nerd y raro.

Haciendo memoria, sí hay cosas que parecían indicar que era trans*. Recuerdo que cuando tuve mi primer periodo me sentí absolutamente devastado, intenté ignorarlo con la esperanza de que desapareciera. También se me hacía casi imposible imaginarme como una mujer adulta. La pubertad fue particularmente turbulenta, al igual que lo es para mucha gente. A los catorce salí del clóset como lesbiana y las cosas empezaron a mejorar. Me corté el pelo muy corto y empecé a vestirme con un estilo más masculino. Soy de un pueblito así que no había conocido a muchos gays ni lesbianas. Fui la primera lesbiana en mi prepa y me gustaba que la gente me tratara como si estuviera en mi propia categoría de género. En mi experiencia, de eso se trataba ser lesbiana. Sí, me gustaban las mujeres, pero para mí era más relevante poder verme y comportarme de forma más masculina.

A los dieciocho me mudé para ir a la universidad y me empecé a involucrar con la comunidad gay y lésbica. Conocí muchos tipos de lesbianas y me di cuenta de que mi concepto del género no se limitaba a ser lesbiana. Casi al terminar mi primer año, conocí a una mujer hetero y al poco tiempo ya teníamos una relación sólida que se sentía increíblemente heterosexual. Cuando terminamos, me quedé pensando en temas de género, leí libros sobre personas transgénero y reflexioné sobre mi propia identidad de género. En muchos sentidos, me sentía andrógino o agénero, así que durante un tiempo me consideré queergénero. Salí con mujeres lesbianas, a quienes les encantaba mi look andrógino, pero que insistían en que, en el fondo, fuera mujer y que por lo menos de vez en cuando así me comportara. Eso se sentía restrictivo, pero confiaba en su juicio. A fin de cuentas, ¿acaso alguien me amaría si viviera de otra forma?

Reconocer que, en efecto, era transgénero y que quería hacer una transición social exigió mucha reflexión, terapia y conocer a otros hombres transgénero. No sé cómo llegué a esa conclusión porque fue un viaje muy largo e introspectivo. Pero creo que el punto de inflexión fue cuando conocí a varios hombres trans que visitaron mi universidad para dar una conferencia sobre estudios de género. Los conocí y escuché sus historias, descubrí que teníamos mucho en común y que me identificaba mucho con los sentimientos que describían.

Aunque en esa época me eché para atrás muchas veces. Fue aterrador salir del clóset, empezar a usar otro nombre, vestirme diferente y todo lo demás. De todo mi proceso de transición, quizá los primeros meses (que incluyen salir del clóset y hacer la transición social) fueron los más difíciles. Hubo gente que me dijo descaradamente que nunca iba a respetar mi identidad, que nunca me diría por el nombre que había elegido y que nunca me vería como un hombre. Cada que salía, la gente se me quedaba viendo o me preguntaba, sin tapujos, si era hombre o mujer. Fue una época realmente incómoda.

A medida que me fui informando más, me interesé en tomar hormonas y los procedimientos quirúrgicos. Estudié mis opciones con cuidado, tuve en cuenta mi salud, mi felicidad en el futuro y la serie-dad de una decisión así. Me ponía muy nervioso dar un paso irreversi-ble, sobre todo cuando me ponía a pensar cómo me sentiría sobre esa decisión dentro de veinte o treinta años. Sin embargo, era desagra-dable vivir entre dos géneros, y si de algo estaba seguro era que no podía vivir como mujer. También descubrí que me gustaba más cómo me veía sin pechos y quería tener una voz más grave y vello facial.

Empecé a tomar testosterona a los veinte años, y seis meses después me hice una doble mastectomía. Eso fue hace más de tres años, y estoy convencido de que fue la mejor decisión. Ya casi no pienso en mi género ni en cuando salí del clóset, porque estoy muy cómodo con mi situación actual.

Por ahora, vivo "sigilosamente", es decir, en el trabajo o con mis conocidos no soy abiertamente transgénero. Sin embargo, en línea soy más franco: dirijo el blog theartoftransliness.com, en donde ha-blo de temas transgénero y un canal de YouTube en donde publico videos sobre mi transición.

Vivo como hombre, lo cual es peculiar si considero que antes de mi transición física me consideraba andrógino y queergénero. En ese sentido mis sentimientos no han cambiado, sólo me siento cómo-do presentándome como hombre y viéndome así. Es difícil describir cómo llegué del punto A al punto B, pero ha sido un proceso natural. Hace poco me casé con una persona que me respeta tal como soy y esperamos algún día tener hijos mediante un donante de esperma. Me siento seguro, estoy feliz y puedo seguir adelante con mi vida.

—*Zak, 23*

EN RESUMEN

✢ La identidad de género no dicta la sexualidad, y la sexualidad no dicta la identidad de género.

✢ Es posible vestirse con ropa considerada típicamente masculina e identificarse como mujer. Es una decisión exclusiva de cada individuo, y como el género no se limita a ser "niño" o "niña", las intersecciones de vestimenta e identidad pueden ser muy variadas.

✢ Explorar la identidad es parte fundamental de crecer y esto puede incluir cómo nos vestimos, la expresión y la identidad de género.

✢ Cuando se trata de cambiar de nombre y pronombres, es comprensible tener emociones diversas. Recuerda ver esta experiencia desde la perspectiva de tu hijo y esmerarte por ser parte del proceso.

✢ Familiarízate con las leyes y las políticas escolares de tu estado a propósito del uso de los baños según el género. Anima a tu hijo a evaluar varias situaciones a partir de sus necesidades y tomar decisiones que tengan en cuenta su entorno y seguridad.

✢ Los cambios hormonales son muy similares a una segunda pubertad y no resultarán en un cambio de personalidad total; tu hijo seguirá siendo la persona que conoces y amas.

✢ Buscar a otros padres y jóvenes trans* que han tenido experiencias similares te ayudará a responder tus preguntas.

Capítulo 8: Brindar apoyo

Si te vas a quedar con una sola enseñanza de este libro es que lo más importante que puedes hacer por tu hijo es seguir siendo un padre amoroso, consistente y compasivo. Tu hijo sigue siendo él mismo, y tiene las mismas necesidades que tenía antes de salir del clóset. Debe saber que puede confiar en ti cuando lo necesite, que lo amas y que, sin importar el camino que decida tomar, seguirás siendo su sistema de apoyo. Esa consistencia, sobre todo en una época cargada de confusión e incertidumbre, lo anclará en un puerto seguro frente a un mar tempestuoso.

Hay muchas estrategias para apoyarlo. En las siguientes páginas vamos a abordar inquietudes puntuales, así como preguntas más generales. Durante la lectura, recuerda que tu apoyo (sin importar cómo lo manifiestes) será una fuente inmensa de positividad en el curso de su viaje.

―――――――――

P: Mi hijo o hija está sufriendo acoso en la escuela. ¿Qué hago?

R: El acoso tiene muchas manifestaciones. Los chicos pueden ser blanco de insultos o ataques físicos en la escuela o la comunidad, ciberacoso, o una combinación de ambos. Saber que tu hijo está viviendo una experiencia así de difícil puede ser desgarrador y a muchos padres los llena de culpa porque no saben cómo solucionarlo. Si te sientes mal por no saber cómo lidiar con esta situación, que quede claro que es inusual que los padres estén preparados para hacerle frente al acoso. Nos encantaría que existiera un manual para padres que los ayude a prepararse para una variedad de temas (entre ellos, salir del clóset y el acoso), pero no es así. Más aún, cada chico y situación son únicos, no existe una respuesta que resuelva todos los problemas. Las siguientes páginas son un resumen de información importante en caso de que tu hijo esté padeciendo acoso, pero también te invitamos a consultar la sección de Recursos (página 195), para buscar información específica para tu caso y tu comunidad.

Al margen de cómo te enteraste de que tu hijo está sufriendo acoso, el primer paso siempre será hablar con él sobre la situación.

Cuando propicies esta conversación, ten en mente lo siguiente:

- ✤ Mantén la calma. Tu hijo debe saber que te preocupas y la situación es importante, pero verte absolutamente desencajado empeorará las cosas. Verte extremadamente triste o iracundo también le puede transmitir que es mejor no contarte ciertas cosas (por temor a alterarte más) o le puede hacer creer que la respuesta adecuada al acoso debe ser incendiaria.
- ✤ Infórmate. Nadie entiende la situación mejor que tu hijo. Investiga cuándo comenzó el acoso, qué ha pasado desde entonces, a quién involucra, si otros adultos saben o han sido testigos de cualquier incidente. ¿Es físico, verbal o ciberacoso?
- ✤ Ante todo, sé empático. La mayoría de las veces, compartir este tipo de información es muy difícil; tu hijo se puede sentir muy vulnerable y, en ocasiones, angustiado. Asegúrate de subrayar que no es su culpa.

⊕ Planifica. Confírmale que no vas a actuar (nunca) sin antes hablar con él, y cumple tu promesa. Procura trazar un plan en conjunto para que los dos se sientan cómodos con cómo están gestionando la situación.

En el mejor de los casos, tu hijo y tú deben decidir qué hacer. También es posible que no quiera contarte o que te exija que lo dejes en paz y no te metas en sus asuntos. El origen de esta respuesta se basa en varios factores, la mayoría de los cuales son sentimientos de inseguridad, miedo y confusión. Si crees que tu hijo está en riesgo, tendrás que hacerte cargo, sin importar su respuesta. Sin embargo, es esencial que escuches sus inquietudes, que seas franco en lo que se refiere a esta decisión y expliques tu razonamiento.

Éstas son algunas sugerencias por si decides actuar:

⊕ Habla con la administración escolar. Prepara tu reunión con una lista de preguntas: ¿cuáles son las políticas de la escuela para lidiar con la discriminación y el acoso? ¿Cómo han capacitado a sus profesores? ¿Cómo cree la administración que deba abordarse el problema? No te concentres en un solo incidente o en tu hijo, sino en lo que hace la escuela al respecto como institución.

⊕ Involucra a otros padres. La voz colectiva de muchos padres es una fuerza poderosa en los sistemas escolares, por eso es muy importante averiguar si otros padres están teniendo problemas similares con sus hijos. Incluso si no comparten exactamente las mismas particularidades, tenerlos de tu lado puede ser clave para fomentar cambios en la escuela. Hablar con la administración desde la asociación de padres y maestros es más efectivo que hacerlo solo.

✛ Encuentra un aliado para tu hijo. Es clave contar con el apoyo de un profesor o consejero que entienda la situación y en quien tu hijo confíe. Habla con tu hijo para saber si hay alguien así en la escuela e invítalo a acercarse a esa persona cuando lo necesite.

✛ Consulta las políticas escolares y estatales. ¿Las leyes y políticas estatales protegen a los alumnos, maestros y a las escuelas? ¿Qué temas se pueden abordar en el salón de clases y qué tipo de asambleas se pueden celebrar para tratar estos temas? Varios estados protegen a los maestros, les permiten presentar planes de estudios incluyentes en temas LGBTQ, de acuerdo con la edad de los alumnos, sin temor a que los despidan. Si es tu caso, tendrás oportunidad de sugerir oradores, libros, películas o planes de estudios para crear consciencia.

✛ Habla con tu hijo. Compártele cada paso que des, ya sea un plan o una acción. Mantente firme en tus decisiones, pero también permítele responder en el curso de la situación. A lo mejor esa primera respuesta silente y molesta se convierte en una opinión muy enfática. Escucha con atención lo que te dice, pues está más familiarizado con lo que sucede dentro de la escuela.

El acoso es un problema muy complejo que, en ocasiones, se simplifica en una "persona mala" (el acosador) y una "buena" (la víctima). Ten en mente que casi todos los chicos y las chicas han estado en ambos lados del acoso: es un problema que implica mucho más que a buenos y malos. La juventud aprende a acosar a quienes tiene cerca por distintos motivos. Los medios de comunicación nos enseñan cómo deberíamos vernos y comportarnos a partir de varios factores (género, sexualidad, raza, clase y capacidades, entre otros). Platica con tu hijo sobre estos temas, pídele que reflexione por qué las personas acosan y siempre invítalo a desafiar esas ideas con argumentos e información y comprendiendo que sus compañeros aún son jóvenes y quizá no tienen las herramientas para afrontar situaciones o personas "diferentes" a ellos.

P: **¿Los niños LGBTQ corren mayor riesgo de padecer depresión y suicidarse? ¿Qué hago si me preocupa la conducta de mi hijo?**

R: Estudios han demostrado que la juventud LGBTQ *sí* corre mayor riesgo de padecer depresión y suicidarse que los chicos y chicas de su edad, pero buena parte de estas investigaciones también muestran que quienes corren mayor riesgo son los jóvenes LGBTQ que no tienen un entorno familiar seguro o que los apoye. Un individuo LGBTQ no tiene una composición genética que lo predisponga a padecer depresión o suicidarse, más bien se trata de una respuesta directa a cómo los trata su comunidad, escuela y su núcleo familiar. Lo primero que debes hacer, sin importar la conducta de tu hijo, es confirmar que el ambiente en su casa sea seguro y tolerante. Asegúrale: "Puedes encontrar mucho apoyo en la escuela y el mundo, y darte cuenta de que otros son menos tolerantes. Quiero que sepas que, sin importar lo que pase fuera de esta casa, aquí siempre encontrarás ese apoyo". Refuerza ese mensaje constantemente.

Si percibes algún cambio en la conducta de tu hijo, aunque parezca mínimo (quizá ya no sale con sus amigos, pasa más tiempo en su habitación o sus actividades o pasatiempos de siempre ya no le interesan), pregúntale. ¿Está pasando algo en la escuela? ¿Está peleando con sus amigos? Puede resultar excepcionalmente difícil hablar con tu hijo cuando tiene las emociones desbordadas y es probable que te encuentres con una respuesta negativa o cargada de resentimiento. Su reticencia te puede hacer sentir que lo mejor es dejarlo en paz.

"Mi maestro me dijo que seguramente a mi acosador 'le gustaba'"

. . . .

La primera persona que se dio cuenta de mi sexualidad fue mi acosador en la prepa. Durante esa época tenía un novio al que solía decirle que "besarnos debilitaba nuestra relación". O me intimidaba que mi guapísima profesora de inglés me buscara para platicar después de clase. Así que cuando Luke corrió por el pasillo, gritando: "¿Qué onda, machorra?", mi reacción no fue "¡Me haces sentir mal!", sino "¿Cómo supiste?".

Luke era un acosador a la antigua: me robaba el dinero de mi lunch, me empujaba contra los casilleros y me decía gay. No hay nada que haga sentir más vulnerable a un adolescente que el sexo y la sexualidad. Así que cuando los jóvenes se acusan de ser gay (aunque en mi caso era absolutamente cierto), pegan donde más duele. Luke y yo nos conocimos porque nuestro maestro de educación física, en su sabiduría infinita, decidió ponernos en el mismo equipo de voleibol. Nadie sospechaba que Luke me estaba acosando porque él era un chico y yo una chica, y ese tipo de acoso violento no pasaba entre personas de géneros opuestos. Cuando le expliqué a mi maestro que estaba harta de que Luke me dijera "lesbiana", el profesor respondió que "seguro yo le gustaba". Pese a la evidencia, en apariencia abrumadora, de que no era así.

Sólo mis padres se dieron cuenta de que algo andaba mal. Cuando regresaba de la escuela, iba directo a mi habitación. Sin importar lo mucho que mi mamá se esforzara, no lograba que me interesaran mis actividades favoritas: ver la tele, jugar con el perro, quejarme.

Estaba muy callada. En general, para los padres es una bendición, pero mi mamá sabía que algo andaba mal. Empezó a entrar a mi recámara a deshoras para interrogarme.

"Parece que estás en la menopausia. ¿Está pasando algo en la escuela?"

Mi mamá me debió haber preguntado lo mismo cien veces antes de que le contara. Me daba miedo decírselo porque me daba mucha vergüenza. Era gay. Tenía un acosador. Le había contado a mi maestro y no sabía cómo resolverlo. De todas formas, fue muy importante que se preocupara como para preguntar, mil veces. "Fastidiar" tiene mala reputación, pero si mi mamá no me hubiera *fastidiado* tanto, tal vez nunca le hubiera contado.

Cuando por fin le conté, no enloqueció. Me escuchó y me preguntó qué quería hacer al respecto. Me di cuenta de que no quería saber por qué Luke me había dicho que era gay. En el fondo, sabía: pantalones holgados, me gustaban las chicas famosas.

Mi madre todavía no estaba lista para explorar mi sexualidad, pero tampoco iba a permitir que me lastimaran. Me hubiera encantado que me dijera: "Aunque seas gay, no importa". Pero me dijo: "Ese chico debería estar en la cárcel", y se sintió igual de bien.

Empezamos a planear nuestra estrategia. Nuestros planes contemplaron la defensiva indirecta (¿caminar por otro pasillo? ¿Almorzar en otro lado?) y la agresión directa: ¿informar al director? ¿Pedir apoyo a los maestros? ¿Hablar con la tonta de su novia? En todo este proceso, mi mamá nunca dio un paso sin mi consentimiento.

Mi mamá decidió no atropellar a Luke con un camión, más bien, acudir a la escuela y organizar a un grupo de padres a quienes les preocupaba el acoso. A lo mejor no fue Amnistía Internacional, pero reunió a un grupo de gente que se manifestó contra el problema. No sé muy bien qué hacían además de charlar dos veces al mes y gritarle al director sobre los chicos espantosos de la escuela. Lo que sí recuerdo es cómo me sentía cuando veía a ese grupo de mamás pasar el filtro de seguridad y entrar furiosas por la puerta del director para exigir atención y justicia, y más pizza en la cafetería. Me sentía orgullosa.

Mi mamá me inspiró a actuar. Lloré en la oficina de mi maestro de educación física hasta que lo hice sentir tan incómodo que no le quedó de otra más que cambiarme de equipo. Cuando Luke señalaba a una chica equis en el pasillo y me preguntaba si me gustaba, le contestaba que ya tenía el teléfono de su hermana. Me negué a darle el dinero de mi lunch. Le conté a otros maestros que me molestaba. Y el último día de clases le pegué en la cara con la pelota de voleibol: sabía que mi mamá estaba viendo.

—Heather, 28

Si bien no es recomendable bombardearlos con preguntas constantes, también es importante recordar que, aunque la respuesta emocional de un adolescente puede incluir gritos, quejas, rechazo, no quiere decir que no te necesite. Sigue animándolo y preguntando. Sigue yendo a su partido de futbol, sigue preguntando cómo estuvo su día y sigan cenando juntos. En situaciones que no parecen ser fatales, lo mejor que puedes hacer es ser un padre presente, que lo apoya. También puede ser una oportunidad extraordinaria para averiguar si les gustaría ver a un terapeuta. A veces es mucho más fácil abrirse con cualquiera, menos con tus padres, y esa opción siempre debería estar disponible. Si percibes un cambio de conducta severo o te preocupa su bienestar, entonces es muy recomendable contemplar la terapia. La sección de Recursos (página 195) te ayudará a encontrar trabajadores sociales y terapeutas con experiencia en temas LGBTQ. Incluso si el origen de los problemas de tu hijo no es su sexualidad o identidad de género, sigue siendo importante que hable con alguien que esté familiarizado con estos temas. Hay muchas opciones de terapia, según tus posibilidades financieras. Especialmente en el caso de los jóvenes hay muchas alternativas a bajo costo o incluso gratuitas. También podrían contemplar acudir juntos a terapia. Puedes explicarle que tienes inquietudes y dudas sobre cómo gestionar ciertas situaciones. La terapia familiar te permitirá trabajar en la comunicación con tu hijo y les dará a ambos una necesaria salida para hablar de sus sentimientos. Si tu hijo prefiere ir a terapia individual, permíteselo. Es una oportunidad ideal de conocer la perspectiva de una tercera persona. En ocasiones, cuando nos encontramos en una situación determinada, es difícil identificar soluciones o cambios; incluso si tu hijo asiste en solitario, puede ser muy efectiva.

Sin embargo, si tu hijo tiene conductas autodestructivas, se está lastimando físicamente o ha mencionado que quiere hacerlo o a terceras personas, busca ayuda de inmediato.

LÍNEAS DE AYUDA EN MÉXICO PARA PREVENIR EL SUICIDIO

- **Línea de la Vida:** 800 911 2000
- **WhatsApp del Consejo Ciudadano para la Seguridad y Justicia de la Ciudad de México:** 55 5533 5533
- **Instituto Nacional de Psiquiatría:** 55 4160 3282
- **Psicólogos Sin Fronteras:** 55 4738 8448

P: ¿A partir de ahora debería ser activista?

Mi papá no es la clase de persona que haría letreros para apoyar mis derechos; no se involucró con PFLAG y mucho menos se tatuó "Orgulloso papá de una chica gay" (sobre todo porque le dan miedo las agujas), pero siempre me ha apoyado a su manera. Es la clase de persona que, si la situación se presta, dejará clara su opinión, pero que no busca esas situaciones. No impone sus creencias sobre alguien más, pero, cuando es necesario, siempre defenderá la igualdad y rechazará los prejuicios. Me debo a su presencia en mi vida. Para pelear por tus derechos no creo que tengas que dedicar cada minuto de tu vida a "pelear por tus derechos". Lo haces a tu manera.

—Dan

R: Cuando se trata del activismo político en relación con tu hijo LGBTQ, haz lo que te haga sentir cómodo. No estás obligado a implicarte en materia política, pero si te lo dicta el corazón, es un papel extraordinario.

Ahora que tienes más información sobre la juventud o la comunidad LGBTQ en general, tal vez tengas ganas de actuar. Lo primero es definir a qué te refieres con "activismo político". ¿Te frustra que desde la esfera local o escolar deberían apoyar mejor a tu hijo y a la juventud LGBTQ? ¿Quieres informarte más sobre tus representantes locales, estatales y nacionales para emitir un voto mejor informado? ¿Te gustaría ayudar a implementar políticas nuevas o mejoradas a mayor escala? ¿Quieres ser candidato para un puesto político? La participación política tiene muchas caras, y algunas coinciden mejor con tu personalidad e intereses. Si no te sientes cómodo hablando en público, pero te gustaría expresar tu voz u opiniones, puedes escribir cartas a editores, crear un blog, componer una canción, crear arte con un mensaje o hacer muchas otras cosas que aprovechen tus aptitudes e intereses con una salida participativa y política.

Si no te motiva involucrarte más allá de ser un padre informado que apoya a su hijo, no sólo es aceptable, es encomiable. Muchos argumentarían que esto es, por derecho propio, un acto político. No permitas que nadie te haga sentir que deberías vivir o comportarte de cierta forma que te incomoda sólo porque tienes un hijo LGBTQ. Algunos necesitamos manifestar nuestras pasiones en público y otros lo hacemos de forma más personal y matizada. Para ser un buen padre haz lo que responda a tu forma de ser. Incluso si no quieres tener mayor participación política en este punto de tu vida, conocer a tus candidatos políticos y votar en las elecciones locales, estatales y nacionales es una forma extremadamente efectiva de compartir tu opinión.

Si tu hijo quiere asistir a eventos, tener mayor participación política, pero no sabes cómo te sentirías, antes de tomar una decisión concluyente prueba algunas cosas nuevas. Para nosotras es muy común interactuar con los padres que llevan a sus hijos e hijas a las celebraciones del Orgullo, que los llevan a eventos LGBTQ para ayudarlos a ser parte de la comunidad de varias formas. Existen muchísimas formas de mostrar tu apoyo y ser un miembro activo de la comunidad; así que, sin duda, encontrarás cómo negociar esas opciones con tu hijo. El esfuerzo que hagas para probar cosas nuevas será importantísimo para ellos y, en el camino, aprenderás mucho más sobre ti mismo y tus intereses.

No te sientas obligado a tener participación política desde ya. Un paso a la vez. Puedes empezar asistiendo a la próxima celebración del Orgullo en tu ciudad o cerca. O poniéndote en contacto con la sección de PFLAG de tu comunidad para empezar a hablar con otros padres sobre su participación. Es posible que este paso te lleve a reunir firmas para una campaña o petición. Eso podría inspirarte a redactar y enviar una carta a tu gobierno local para pedir cambios específicos en una política escolar que afecta a toda tu localidad. Y si ninguna de estas opciones coincide con tus intereses, ¡por lo menos lo intentaste!

Si quieres averiguar más formas de participar en tu comunidad, consulta la sección de Recursos (página 195), en donde listamos varias organizaciones que podrán guiarte.

P: **Mi partido político no apoya el matrimonio igualitario. ¿Cómo hago las paces con esto?**

R: A la hora de elegir un partido político (o a un candidato en particular) entran en juego muchos factores, y si bien el matrimonio gay es un tema importantísimo, hay que contemplar muchos otros puntos. No tienes la obligación de votar por un candidato que apoya el matrimonio gay sólo porque ahora tienes un hijo al que le puedan afectar sus políticas. Sin embargo, *sí* tienes la obligación de entender las implicaciones de dichas políticas (o ausencia de ellas) y compararlas con otros temas relevantes.

Muchos creemos que debemos elegir y ser partidarios de un partido político durante el curso de nuestra vida y que debemos estar de acuerdo con todas las posturas de ese partido. En ocasiones, parece que no estamos votando sobre temas puntuales, sino por una persona que exprese nuestras opiniones sobre todos los temas posibles y con exactitud. Ésa es una labor imposible. Puedes estar de acuerdo con la postura de un candidato en torno a temas de política exterior, educación, medio ambiente e inmigración (todos importantísimos) y en desacuerdo con su postura en torno al matrimonio igualitario y la regulación de las armas de fuego (también cruciales). Haz una lista de los temas que consideras relevantes y después prioriza. Vota a partir de tus intereses. Es probable que un político que esté en contra del matrimonio legal trabaje para que se apruebe otra ley con beneficios enormes en temas de educación, inmigración o asistencia médica. A fin de cuentas, sólo tú puedes decidir lo que consideras más relevante, por difícil que sea. Si sabes por qué tomaste determinadas decisiones podrás compartir tus argumentos con quienes te cuestionen.

Platica con tu hijo sobre tus elecciones políticas. Cuéntale cómo llegaste a tus conclusiones y decisiones. Asegúrate de que sepa que tiene tu apoyo de muchas maneras y que estás dispuesto a dialogar si sus intereses políticos entran en conflicto con los tuyos. Ten la voluntad de escuchar sus opiniones. Es probable que este debate te lleve a cambiar de partido. Puede ser un cambio gradual o inmediato, o puede no suceder nunca. Déjate guiar por la razón y el corazón. Todos tomamos decisiones a partir de ciertos factores y muchos tienen distinto peso, según nuestra identidad y visión del mundo. También puede ser que tu hijo empiece a contemplar otros factores más allá del matrimonio y los derechos gay en sus propias decisiones políticas. Los dos pueden aprender mucho de esta experiencia, incluso si el camino es escarpado.

"Mi esposa y yo queríamos participar en nuestra comunidad"

Mi esposa Catherine es una persona activa, a quien le gusta hacerse cargo de las cosas. Habíamos hablado un par de veces sobre nuestro hijo Michael, creo que ella sabía que era gay, pero le frustraba que no nos hubiera contado. Quería oírlo de él. Yo también lo sospechaba, y Catherine y yo platicamos unos días antes de que ella consiguiera sacárselo.

Ese día yo estaba en la planta baja de la casa. Catherine bajó para decirme que Michael quería platicar conmigo en su recámara. Sentí que había llegado la hora. Así que me asomé a su habitación, recuerdo que estaba acostado en su cama. Le dije: "¿Qué me vas a contar? Creo que ya sé, pero cuéntame", a lo que respondió: "Hola, papá, quería, quiero decirte que soy gay". Me lo dijo sin preámbulo. Lo abracé muy fuerte y le hice algunas preguntas. No puedo decir que me impresionara, así que no me quedé sin palabras. No me tomó por sorpresa, como a algunos padres.

En política, Catherine y yo somos de centro. En cuestiones fiscales somos conservadores, pero en temas sociales siempre hemos sido muy progresistas. Nuestra inclinación política ha consistido, sobre todo en apoyar; y, en los peores casos, ser tolerantes. Sin embargo, cuando Michael salió del clóset, nos volvimos muy activistas.

Nos implicamos desde el primer día. De inmediato Catherine se puso a investigar en internet y a compilar recursos. Creo que lo tenemos en el ADN, no se trata de controlar, sino de guiar y marcar el ritmo.

Uno de los momentos más memorables para mí fue un rally en los escalones de Custom House en el centro de Charleston, Carolina del Sur, un día frío de marzo. Fue un evento maravilloso. Aunque Michael no estaba en la ciudad, de todas formas fuimos para apoyarlo. Catherine y yo asistimos con varios miembros del grupo de espacio seguro al que él asiste, y fue una reunión abierta y estupenda. No hubo opositores ni nada negativo, sólo un mensaje muy positivo de amor y solidaridad.

Así que ahora asistimos a mítines, vamos en la vanguardia y vitoreamos cuando es lo mejor que podemos hacer. Tomamos decisiones en la esfera de la participación y el apoyo social, y se ha vuelto un factor decisivo para votar y decidir qué propuestas queremos financiar. Si puedes liderar el camino, adelante.

—Michael, 42

P: ¿Debería afiliarme a grupos de apoyo?

Jamás en la vida imaginé que mi mamá sería el tipo de persona que acudiría a un grupo de apoyo para hablar sobre mi sexualidad, así que me sorprendió muchísimo descubrir un panfleto en el asiento trasero de su coche, tres años después de haber salido del clóset. Cuando se lo enseñé, respondió muy entusiasmada: ";Ah, sí! ¿Has escuchado hablar del PFLAG? Fueron a mi trabajo a dar una plática y les conté de ti". Intenté ocultar lo chistoso y le pregunté qué le había parecido. No exagero, estaba eufórica. Le había formulado a una de las chicas miles de preguntas sobre su vida, cómo supo que era gay, qué habían opinado sus padres y una larga lista de temas. Después de esta experiencia, mi mamá empezó a hablar con otras personas de la comunidad, que fueran gay o tuvieran hijos gay. A medida que fue reuniendo más información, la fui percibiendo más cómoda como para hacerme preguntas. Creo que esa experiencia fue un punto de inflexión para ella.
—Kristin

R: Si te interesa, claro que deberías afiliarte a grupos de apoyo. Pero no es obligatorio. Aunque al hacerlo, muchos padres han descubierto una comunidad maravillosa. En este punto, lo mejor es entender bien qué ofrecen los grupos de apoyo, qué implica asistir a una de sus reuniones o afiliarse, y usar esa guía para decidir cómo proceder.

Qué son: grupos de apoyo o reuniones que se celebran en centros comunitarios. Algunas reuniones sólo son para padres y amigos de jóvenes LGBTQ y otras están dirigidas a familias, amigos y los propios jóvenes. Cada lugar es distinto, pero, en general, las reuniones de los grupos de apoyo colocan un círculo de sillas para que los asistentes platiquen sus experiencias. Al principio, todos se presentan y tal vez cuentan algo de su semana. A nadie se le obliga a hablar sobre sus hijos (si no están listos) y los asistentes pueden ser abiertos o reservados, según su decisión. En general, hay un moderador que guía al grupo con una lista de temas a tratar. Pueden ser temas complejos como religión y sexualidad, o sencillos como horas de llegada para los adolescentes. El objetivo de la mayoría de este tipo de reuniones es dialogar con la gente en torno a diversos temas relevantes para la comunidad LGBTQ. Estas reuniones se celebran en espacios públicos como ayuntamientos, iglesias, bibliotecas o incluso en casas particulares. La admisión es gratuita y la organización opera con una política de confidencialidad. Lo que se discute en las reuniones y los asistentes es privado.

Qué ofrecen: la belleza de intercambiar ideas con otras personas de tu comunidad que tienen hijos LGBTQ es que conocerás a gente que está teniendo (o tuvo) experiencias similares a las tuyas. Así como para los jóvenes LGBTQ es perjudicial no conocer a otros que se enfrenten a las mismas dudas e inquietudes que ellos, también puede serlo para ti si no conoces a otras personas que tienen las mismas preguntas que tú. Los grupos de apoyo ofrecen un espacio en donde puedes ser tú mismo, sin miedo a que te juzguen. La premisa de estas reuniones es crear un espacio acogedor para quienes están temerosos de compartir sus inquietudes.

Sergio (su hijo Daniel salió del clóset hace poco) compartió que un paso enorme en su proceso fue conocer a otras familias que estaban transitando por experiencias similares. "Ahora, si conozco a alguien cuyo hijo es gay, quiero ayudar. Quiero que sepa que puede acercarse, y que puedo ayudarle a entender que su hijo sigue siendo exactamente la misma persona". Grupos como PFLAG te permiten conocer a gente que puede empatizar con tus inquietudes, recordarte que otras personas han vivido situaciones similares y, de ser necesario, ayudarte a encontrar más orientación. Las conversaciones que tengas dentro y fuera de estas reuniones te pueden ayudar a entender mejor tus sentimientos y prepararte para lo que viene.

Si ésta es la mejor oferta que hayas recibido desde que existe el Black Friday entonces, sin duda, debes asistir a una reunión en tu comunidad. También puede que tu comunidad de amigos y familiares sea suficiente, o que prefieras gestionar tus emociones en privado. No asistir a reuniones no equivale a no apoyar a tu hijo. De hecho, esperamos que este capítulo haya ilustrado que esa ayuda constante puede tener muchas salidas que no implican afiliarse a un grupo de apoyo. Sin embargo, los grupos son una herramienta para apoyarte *a ti mismo*.

Quizá te interesa acudir a un grupo de apoyo, pero ahora no es buen momento. Tal vez acudir a una reunión hoy te parezca pésima idea, pero en tres meses será justo lo que necesites para dar el siguiente paso. Es posible que te sientas inseguro, y que te animes a asistir a una junta para ver de qué se trata y descubras que fue la mejor decisión que pudiste haber tomado, ya sea porque te encantaron las reuniones o porque descubriste que no son para ti. Si decides acudir a una reunión, no tienes que ir solo. Es perfectamente aceptable que te acompañe un amigo cercano o un familiar, incluso si sólo te acompaña a las primeras juntas para sentirte cómodo. Cuando buscas ayuda no hay manera de equivocarte.

Hemos dedicado este libro a decirte de muchas maneras que apoyes a tus hijos y los ayudes a ser felices, pero es igual de importante (si no es que más) que también te cuides. No puedes ser un padre solidario si no sabes qué quieres y cómo te sientes. Tienes muchas herramientas a tu disposición, las cuales incluimos en la sección de Recursos (página 195), que pueden complementar la labor de los grupos de apoyo o que son independientes.

P: ¿Cómo demostrar mi orgullo sin avergonzar a mi hijo o hija?

R: No pintes tu sala con los colores del arcoíris o le tiñas el pelo de morado a tu mascota.

Fuera de broma, como padre de una chico o chica gay, enorgullecerte de ellos y de la comunidad LGBTQ es maravilloso. Tus intenciones se valoran y tu orgullo tiene (y merece) un espacio. Pero cómo lo manifiestes puede ser distinto de cómo lo manifiesta tu hijo, y es igual de importante ser respetuoso.

En la comunidad gay hay un rango muy amplio de identidades. A algunos les gusta ponerse leotardos con los colores del arcoíris y estolas de plumas, cubrirse el cuerpo con brillantina y marchar el Día del Orgullo Gay. Otros no se identifican tanto con la comunidad LGBTQ y no les gusta definir o resaltar su identidad participando en actividades con otros individuos LGBTQ. También estamos los que nos sentimos en algún punto medio. Nos encanta ir a las celebraciones del Orgullo y, de vez en cuando, nos gusta ser parte de una comunidad extensa, pero en nuestro día a día nos quitamos la brillantina y nos comportamos como el grueso de la población. Es el mismo caso para los padres, los amigos y familiares de los jóvenes LGBTQ. Como cada uno entiende el "orgullo" a su manera, es posible que no coincidas con tu hijo.

Comprar muchas banderas del arcoíris o camisetas de organizaciones LGBTQ puede ser tu forma de decir: "¡Te apoyo! ¡Te amo! ¡Me encanta!". Sin embargo, no estás solo en este viaje, vas acompañado de tu hijo. Empieza asegurándole que estás orgulloso de él, a tal grado que quieres involucrarte con la comunidad LGBTQ. Su primera reacción podría ser: "Ay, no, mamá, por favor. En serio, no. ¿Por favor podrías quedarte en la casa?". Exprésale que tu intención no es avergonzarlo o exponer su sexualidad ante la gente que no conoce los pormenores. Explícale que tu participación no tiene que interferir en cómo vive su vida. Le puedes decir algo más o menos así: "Como te amo y te apoyo, quiero expresar mi apoyo a mi manera". Tu hijo necesita saber que tu orgullo no implica que lo vas a obligar a asistir a millones de eventos en donde repartan collares de cuentas de colores. Tienes derecho a tomar tus propias decisiones; sólo ten cuidado de no interferir con el proceso o la comodidad de tu hijo.

Si tu hijo no quiere que presumas tu orgullo en su presencia, encuentra un grupo al que puedas afiliarte solo (o con un amigo o familiar). Los centros comunitarios o grupos como PFLAG contemplan formas divertidas de participar en la comunidad LGBTQ. Estos recursos te permitirán mostrar tu orgullo y apoyo, también te brindarán una red de otros padres orgullosos con intereses parecidos. Esto quiere decir que si tu hijo no quiere ir con ustedes a la marcha del Orgullo puedes ir con esta comunidad. Quizá cuando regreses con tu estola de plumas, tu hijo se va a sonrojar, pero le diste el espacio que te pidió, estás expresando tu orgullo y, tarde o temprano, valorará tu apoyo (y la estola).

EN RESUMEN

⊕ Tu apoyo, en la manifestación que sea, es y siempre será una parte vital en el viaje de tu hijo.

⊕ Si tu hijo está padeciendo acoso, habla con él, infórmate y, cuando sea posible, elaboren un plan. Si crees que está en riesgo, mantenlo al tanto de tu plan.

⊕ Antes de acudir a la administración escolar para discutir el acoso, infórmate sobre políticas escolares y estatales, trabaja con otros padres para presentar un frente unido y céntrate en la escuela como institución, en vez de en una persona o incidente puntual.

⊕ No tienes la obligación de volverte políticamente activo pero, si te interesa, hay muchas formas de participar en tu comunidad.

⊕ Negociar tu adherencia a un partido político depende de un solo factor. A la hora de votar, haz una lista de prioridades y compártelas con tu hijo.

⊕ Los grupos de apoyo brindan una sólida comunidad de personas que comparten experiencias similares, pero tu participación depende de tus intereses y necesidades.

⊕ Manifestar el orgullo que tienes por tu hijo y la comunidad LGBTQ es encomiable; es posible hacerlo y respetar los deseos de tu hijo al mismo tiempo.

▶ ¿QUÉ SIGUE?

¡Lo lograste!

Terminaste el libro, o te saltaste al final para buscar una frase que respondiera todas tus preguntas. *Spoiler*: no hay una frase mágica, así que, si así llegaste hasta aquí sin leer, mejor regrésate. Para los demás, es maravilloso que le hayan dedicado el tiempo a entender mejor qué está pasando por la mente de su hijo, por su mente tuya, y cómo conciliar ambas maneras de ver las cosas de la mejor manera posible.

Con suerte, lo que aquí leíste resaltó la importancia del diálogo, la paciencia y la reflexión. En este punto en la vida de tu familia, el diálogo honesto y abierto es clave. Si tu hijo no está listo para conversar en este momento, no quiere decir que no puedas informarte por tu cuenta, mientras tu hijo sigue enfrentando sus inquietudes. Ser pacientes es muy importante, tanto con tu hijo como contigo. Es probable que tu hijo esté en el proceso de entenderse a sí mismo o sentirse más cómodo con este nuevo conocimiento sobre su identidad, y esto toma tiempo. A la vez, tú también te estás adaptando a una realidad nueva. En ocasiones, puede ser una tarea sencilla; en otras, excepcionalmente difícil. Si esto te toma más tiempo que a los demás no significa que seas mejor o peor padre. Todos recorremos caminos distintos y lo importante es que éstos desemboquen en el amor y la comprensión.

En muchas ocasiones no se les da suficiente crédito a los padres por el esfuerzo de enfrentar los desafíos de la salida del clóset de sus hijos. Este proceso también es tuyo. Se le pone mucha atención a ayudar a los chicos, cuidarlos, apoyarlos. Y, si bien todo eso resulta indispensable, a veces se nos olvida que los padres también necesitamos apoyo. Más que apoyo, ánimo, y más que ánimo, reconocimiento. Que quede claro que los valoramos.

Así que gracias. Gracias por ser padres increíbles.

Glosario

Sabemos que para un libro de esta naturaleza un glosario es importantísimo pero, por favor, ten en cuenta que no somos creadoras ni reguladoras del vocabulario LGBTQ. Muchas de las palabras que encontrarás encierran conceptos muy complicados y esta lista no es definitiva. Cada individuo define sus propias palabras, especialmente sus etiquetas. Dos personas con orientaciones sexuales o identidades de género similares se pueden identificar con dos palabras distintas. Las definiciones de estas palabras explican su significado a nivel elemental, pero si tienes curiosidad sobre otras palabras que no aparecen aquí u otras te siguen confundiendo, hay muchos recursos. Puedes empezar con los que sugerimos más adelante.

aliado: un individuo que no se identifica como LGBTQ, pero apoya a la comunidad, o bien trabaja con y para la comunidad LGBTQ para abogar por temas sociales y políticos.

AGH (o AQH): Alianza Gay-Heterosexual o Alianza Queer-Heterosexual: club de escuela secundaria, preparatoria o universidad. Las actividades y los objetivos de estos grupos varían, pero, en general, son un espacio de apoyo, incidencia política e interacción social.

andrógino: término para describir a un individuo que no parece claramente "masculino" o "femenino". La androginia puede ser física, expresiva o ambas.

asexual: quienes se identifican como asexuales no les atrae nadie. Con frecuencia, las personas asexuales experimentan atracción romántica y pueden involucrarse en relaciones románticas.

bifobia: temor, ignorancia, intolerancia y otras actitudes y acciones negativas dirigidas hacia individuos bisexuales y pansexuales. La bifobia también se puede experimentar, intencionalmente o no, dentro de la comunidad LGBTQ.

bisexual: alguien a quien le atraen las mujeres y los hombres (*véase también* pansexual).

cirugía de reasignación de sexo: en la cultura popular también se le conoce como cambio de sexo. Se trata de una operación para cambiar los genitales mediante la cirugía plástica. Muchos en la comunidad trans* prefieren el término "cirugía de reasignación de sexo".

cisgénero: identidad de género en la que el sexo que se le asigna a un individuo al nacer coincide con cómo se identifica en la esfera social, emocional y física (por ejemplo, a alguien a quien le asignaron el sexo masculino al nacer y se identifica plenamente con ello se le denomina hombre cisgénero).

clóset, en el: el estatus de una persona que se identifica como LGBTQ, pero que no lo ha compartido con nadie. Uno puede estar en el clóset ante todos, la mayoría o sólo un grupo específico de personas (por ejemplo, no haber salido del clóset con la familia, pero sí con los amigos).

drag king: una mujer que se viste para parecer hombre, con frecuencia en un contexto histriónico. Un *drag king* puede expresar su género masculino en su vida cotidiana, pero no necesariamente identificarse como trans*.

drag queen: hombre que se viste para parecer mujer, con frecuencia en un contexto histriónico. Una *drag queen* puede expresar su género femenino en su vida cotidiana, pero no necesariamente identificarse como trans*.

expresión de género: la forma en la que nos vestimos o actuamos, o ambos; en la sociedad se suele clasificar en el espectro masculino/femenino. La expresión de género se vincula a la identidad de género, pero no puede asumirse la identidad de género a partir de la expresión de género (es decir, una persona puede tener un estilo de vestir más "masculino" o andrógino, pero identificarse como mujer).

FTM (F2M *Female to Male* o De mujer a hombre): persona transgénero o transexual de mujer a hombre. Para identificarse como FTM no es necesario haberse sometido a una cirugía. FTM es sinónimo del término *hombre trans*.

gay: palabra que se emplea para describir a una persona cuya orientación sexual o romántica, o ambas, es hacia su mismo género.

género: si bien el género se asigna al nacer, igual que el sexo, también alberga un rango de temas relacionados con el aspecto físico, la expresión mediante la ropa, las actividades y las conductas.

género fluido: una identidad de género en la que el individuo contempla su género en constante movimiento.

hetero: palabra empleada para describir a una persona cuya orientación sexual o romántica, o ambas, es hacia el género "opuesto". Es un diminutivo como de "heterosexual".

heterosexismo: actitudes, prejuicios y discriminación que favorece a los heterosexuales. Como asumir que todos son heterosexuales o que ser heterosexual es "la norma" o superior a otras identidades.

heterosexual: una persona cuya orientación sexual o romántica, o ambas, es hacia el género "opuesto".

homofobia: miedo, ignorancia, intolerancia y otras actitudes y acciones negativas hacia individuos LGBTQ (*véase también* bifobia y transfobia). La intensidad de la homofobia abarca desde la exclusión sutil al acoso y los crímenes de odio.

homosexual: una persona cuya orientación sexual o romántica, o ambas, es hacia el "mismo" género.

identidad de género: cómo se identifica un individuo en los espectros del género. La identidad de género puede incluir el sexo (hombre, mujer, intersexo), la identificación de su sexo (hombre trans, mujer trans), cómo se ubique en el espectro masculino/femenino y la actitud en torno al género (queergénero, género fluido, etcétera).

intersexo: esta palabra describe a las personas que nacieron con marcadores tanto masculinos como femeninos (genitales, hormonas, cromosomas). Hay por lo menos dieciséis maneras de ser intersexo. Muchos infantes intersexo reciben tratamiento médico hormonal o quirúrgico para que sus marcadores de sexo correspondan con el sexo masculino o femenino, lo que más adelante puede causar problemas en el desarrollo. El término sustituye *hermafrodita*, pues éste se considera ofensivo.

infecciones de transmisión sexual (ITS): enfermedades con alta probabilidad de transmisión entre individuos a través de su conducta sexual, como coito vaginal, sexo oral y sexo anal. El término sustituye a enfermedades de transmisión sexual (ETS), *infección* es una palabra con menos estigma puesto que muchas ITS se pueden tratar.

lesbiana: mujer gay. Algunas se identifican con la palabra, pero otras se identifican más con otras etiquetas como gay o queer.

LGBTQ: acrónimo compuesto por lesbiana, gay, bisexual, transgénero y queer/cuestionándose. Este acrónimo tiene muchas variantes y letras adicionales para representar intersexo, aliados y otras identidades.

MTF (M2F *Male to female* o de hombre a mujer): persona transgénero o transexual de hombre a mujer. Para identificarse como MTF no es necesario haberse sometido a una cirugía. MTF es sinónimo del término *mujer trans*.

orgullo: término que se utiliza mucho en la comunidad LGBTQ para referirse a la celebración en torno a ser LGBTQ. Muchas comunidades celebran eventos del Orgullo para resaltar logros LGBTQ y mostrar unidad y felicidad respecto de todas las identidades sexuales y de género.

orientación sexual: término para describir la atracción sexual, afectiva, emocional, romántica o todas ellas. Palabras para describir la orientación sexual incluyen *homosexual, heterosexual, bisexual, pansexual, asexual, gay, hetero, queer*, entre otras.

pansexual: alguien a quien le atrae cualquier persona al margen del género. Las personas pansexuales se distinguen de los bisexuales para demostrar una perspectiva no binaria del género, es decir, les atraen los individuos que no se identifican como hombres o mujeres en estricto sentido.

pasa: término que se utiliza entre la comunidad trans* para describir a un individuo al que se le percibe del género con el que se identifica, no con el género que se le asignó al nacer.

PFLAG: Padres, Familias y Amigos de Lesbianas y Gays. PFLAG se fundó en 1972 y es un organismo sin fines de lucro con sede en los Estados Unidos que funciona como organización de incidencia política, así como red de apoyo para las familias y amigos de personas LGBTQ.

pronombres de género neutro: los individuos de género no conforme emplean distintos pronombres para evitar el binarismo de género de "él" y "ella".

queer: término amplio que se emplea para referirse a cualquier persona que no sea heterosexual, cisgénero, o ambas. Para algunos, sobre todo para las generaciones mayores, sigue siendo un término ofensivo; mientras que para las generaciones más jóvenes es empoderador. *Queer* también se utiliza en la academia en un sentido más amplio para debatir conductas, tendencias e identidades que se salen de las expectativas o normas sociales.

queergénero: compendio de identidades que describen a aquellos cuya expresión o identidad de género, o ambas, no coincide exactamente con el género que le asignaron al nacer.

salir del clóset: el proceso de una persona que comparte con otras personas, por voluntad propia, que se identifica como LGBTQ. Esto es diferente de "ser expuesto", cuando alguien revela tu identidad sin tu consentimiento.

sexo: la categorización individual como masculino, femenino o intersexo al nacer a partir de marcadores como genitales, hormonas y cromosomas.

sexualidad: en ocasiones es intercambiable con el término "orientación sexual". En realidad, *sexualidad* es una palabra que también incluye otros atributos, como la orientación sexual, el sexo biológico, la identidad de género y las prácticas sexuales.

trans*: término amplio para describir a todas las personas de género no conforme. Incluye, pero no se limita, a personas transgénero, personas transexuales y otras identidades. El asterisco se emplea para referirse a las múltiples identidades que son parte de esta comunidad.

transgénero: una persona cuya identidad de género no coincide con el que le asignaron al nacer.

transexual: una palabra que se emplea para describir a una persona que se identifica con un género distinto del que se le asignó al nacer. En general, pero no siempre, las personas transexuales buscan hacer una transición física que incluye hormonas o cirugía, o ambas. A veces, se agregan prefijos a la palabra *transexual* para indicar si esa persona se operará, o ambas cosas: *transexual preoperatorio* quiere decir que planea operarse, *transexual posoperatorio* significa que ya se operó y *transexual sin operación* significa que no tiene intención de operarse.

transición: el proceso mediante el cual una persona trans* cambia su sexo asignado al nacer al género que corresponde con su identidad de género. La transición puede ser tanto física como social.

transición física: el proceso mediante el que una persona trans* transforma su cuerpo para reflejar su identidad de género. Esto puede incluir inyecciones de hormonas o cirugía, o ambas.

transición social: el proceso mediante el que una persona trans* cambia de un género al otro sin cirugía ni hormonas. Puede ser salir del clóset, cambiar su corte de pelo, ropa, pronombres, nombre, actividades, etcétera.

transfobia: miedo, ignorancia, intolerancia y otras actitudes y acciones negativas hacia quienes no se identifican con su género (*véase también* bifobia). La transfobia está dirigida a quienes se identifican como trans*.

travestismo: expresar el género de manera distinta del género que le asignaron al nacer por medio de ropa, maquillaje, peinados, vendajes, etcétera. El término se suele emplear entre personas cisgénero, pues las personas transgénero no se sienten transgresoras, sino que se visten para reflejar el género con el que se identifican. Por lo tanto, el término se puede interpretar como despectivo o ignorante cuando se emplea para describir a las personas transgénero.

vendarse: implica usar una faja, vendas o cinta en los senos para disimular el pecho. Se acostumbra entre individuos trans* que quieren tener aspecto masculino.

RECURSOS

RECURSOS*

FAMILIA Y CRIANZA

....

Family Acceptance Project (Proyecto de Aceptación Familiar)
familyproject.sfsu.edu
Este proyecto centra sus esfuerzos en educar a las familias para disminuir significativamente los riesgos para los jóvenes LGBTQ. Realiza investigaciones, imparte educación y crea iniciativas de política públicas; asimismo, ofrece intervención y orientación.

Oficinas centrales de PFLAG (Padres, Familias y Amigos de Lesbianas y Gay)
202-467-8180
www.pflag.org
La organización familiar y de aliados más grande de Estados Unidos. Está compuesta por padres, familiares, amigos, aliados heterosexuales y personas LGBTQ. PFLAG está comprometida con fomentar la igualdad y la aceptación social de las personas LGBTQ a través de su misión de apoyo, educación e incidencia política.

The Parents Project (El Proyecto para Padres)
www.theparentsproject.com
Página web que se dedica a brindar orientación, contenido videográfico y recursos para padres de jóvenes LGBTQ.

---

* Algunos de los recursos que aquí se incluyen son pertinentes para los lectores que residen en Estados Unidos, y otros son más universales. Las páginas web de la mayoría de las asociaciones están dirigidas a lectores angloparlantes, mientras que otras son bilingües. (*N. de la T.*)

Acoso

GLSEN (Red de Educación Gay, Lesbiana y Heterosexual, por sus siglas en inglés)
www.glsen.org
Organización educativa nacional que trabaja para garantizar escuelas seguras para todos, sin importar la orientación sexual o identidad/expresión de género.

Safe Schools Coalition (Coalición de Escuelas Seguras)
Línea de crisis: 877-723-3723
www.safeschoolscoalition.org
Entidad internacional que ofrece información, recursos y capacitación para estudiantes, educadores y miembros de la comunidad que buscan crear escuelas más seguras para la juventud LGBTQ.

Stop Bullying (Alto al Acoso)
Línea de ayuda del Departamento de Salud y Servicios Humanos de Estados Unidos: 800-273-8255
www.stopbullying.gov
Sitio web del gobierno de Estados Unidos que reúne información de varias dependencias gubernamentales en torno al acoso y el ciberacoso.

PARA LOS JÓVENES

....

Ambiente Joven

www.ambientejoven.org

Dirigida a los jóvenes LGBTQ *hispanohablantes; se trata de un recurso en línea que cubre temas como salir del clóset,* ITS *y recursos locales.*

Everyone Is Gay

www.everyoneisgay.com

Una organización para jóvenes LGBTQ *que fundaron las autoras de este libro; brinda consejos, videos y recursos en línea, así como presentaciones en preparatorias y universidades.*

I'm from Driftwood (Soy de Driftwood)

www.imfromdriftwood.com

Una colección de videos en línea descritos como "historias verdaderas de personas gay de todo el mundo".

It Gets Better Project (Proyecto Todo Va a Estar Bien)

www.itgetsbetter.org

Organización y movimiento en línea que trabaja para inspirar los cambios necesarios e infundir esperanza a la juventud de lesbianas, gays, bisexuales y transgénero de todo el mundo.

Youth Guardian Services

877-270-5152 | www.youth-guard.org

Organización sin fines de lucro gestionada por jóvenes. Su principal servicio es Youth Talk Lines: listas de correo electrónico que conectan a jóvenes LGBTQ *y heterosexuales aliados para hablar de lo que sea en un lugar seguro.*

....

Libros para niños

Con tango son tres, de Justin Richardson y Peter Parnell. Kalandraka, 2006.
Roy y Silo, dos pingüinos machos, intentan formar una familia sin éxito hasta que el trabajador de un zoológico les da un huevo y así nace su propio hijo.

The Family Book / El libro de la familia, de Todd Parr. Little Brown Books Kids, 2021.
Este libro retrata a todo tipo de familias, entre ellas las que están compuestas por dos madres o dos padres.

The Harvey Milk Story, de Kari Krakow. Ridley Park, Two Lives Publishing, 2002.
Una biografía ilustrada del importante personaje defensor de los derechos gay, Harvey Milk.

My Princess Boy, de Cheryl Kilodavis. Aladdin, 2011.
La historia de Dyson, un niño al que le encanta el rosa, las cosas con brillitos y se viste con jeans y vestidos.

Libros para adolescentes

The Full Spectrum: A New Generation of Writing About Gay, Lesbian, Bisexual, Transgender, Questioning, and Other Identities, edición de David Levithan y Billy Merrell. Knopf Books for Young Readers, 2006. *Esta antología reúne historias de varios adolescentes y adultos jóvenes* LGBTQ *que describen las distintas experiencias de crecer como persona* LGBTQ.

GLBTQ: The Survival Guide for Gay, Lesbian, Bisexual, Transgender, and Questioning Teens, de Kelly Huegel. Free Spirit Publishing, ed. revisada, 2011.
Información y consejos honestos para adolescentes que se están cuestionando su sexualidad o ya salieron del clóset. Cubre temas como salir del clóset, buscar apoyo y el movimiento actual de los derechos LGBTQ.

Queer: la guía LGBT para adolescentes, de Kathy Belge y Marke Bieschke. Penguin Random House Grupo Editorial, 2015.
Una guía muy completa para los adolescentes LGBTQ *sobre temas como salir del clóset, relaciones personales y sexo, escrito por dos autoras queer muy conocidas.*

GÉNERO

....

National Center for Transgender Equality (Centro Nacional para la Igualdad Transgénero)
www.transequality.org
Organización líder que se centra en los derechos legales de las personas transgénero.

Páginas web

The Art of Transliness
theartoftransliness.com
Consejos y recursos para jóvenes trans*.

The Gender Book
www.thegenderbook.com
Libro en línea que explica el género, de forma incluyente e integral, para todas las edades.

TransHistory
www.tghistory.org
Cronología interactiva de la historia transgénero, comenzando por el siglo III.

Libros

Transgender 101: A Simple Guide to a Complex Issue, de Nicholas M. Teich. Columbia University Press, 2012.
Presenta muchos temas relacionados con las personas transgénero, entre ellos los procesos psicológicos, físicos y sociales que enfrentan, sus experiencias únicas y las complejidades del género.

Transgender History, de Susan Stryker. Seal Press, 2008.
Estudio de la historia transgénero de mediados del siglo xx hasta nuestros tiempos.

Transitions of the Heart: Stories of Love, Struggle and Acceptance by Mothers of Transgender and Gender Variant Children, edición de Rachel Pepper. Cleis Press, 2012.
Antología de historias escritas por madres de chicos y chicas trans* que relatan sus experiencias con la transición de género de sus hijos e hijas.

Trans-Kin: A Guide for Family and Friends of Transgender People, edición de Eleanor A. Hubbard y Cameron T. Whitley. Bolder Press, 2012.
Antología de historias escritas por amigos, familiares y aliados de las personas transgénero en torno a sus experiencias.

Películas

Gendernauts: A Journey Through Shifting Identities, de Monika Traut. Nueva York, First Run Features, 1999.
Sigue las vidas de un grupo de personas trans* que viven al margen de sus identidades de género preestablecido. Entre los participantes figura la artista de performance Annie Sprinkle y la activista de internet Sandy Stone.

Transgeneration, de Jeremy Simmons y Thairin Smothers. Sundance Channel, 2005.
Documental de ocho capítulos que retrata las vidas de cuatro universitarios transgénero y los acompaña en su transición.

PARA MANTENERSE AL DÍA

Alianza de Gays y Lesbianas contra la Difamación (GLAAD)
323-933-2240
www.glaad.org
Organización pionera que trabaja con los medios noticiosos, de entrete-nimiento y redes sociales, así como instituciones culturales para definir la perspectiva del público sobre la gente LGBTQ

HuffPost Gay Voices
www.huffingtonpost.com/gay-voices
Sitio web que publica artículos sobre temas LGBTQ desde distintos puntos de vista.

Human Rights Campaign (Campaña de Derechos Humanos)
800-777-4723
www.hrc.org
Una de las organizaciones de incidencia política LGBTQ más grandes de Estados Unidos. Las secciones de recursos y temas de la página web son muy útiles para entender el estatus actual de todos los derechos LGBTQ, así como para encontrar información adicional.

DERECHOS LEGALES

....

Get Equal

www.getequal.org

Organización de incidencia política que fomenta y ayuda a los individuos a participar en sus comunidades para defender los derechos LGBTQ.

Lambda Legal

212-809-8585

www.lambdalegal.org

Ésta es la organización legal que se concentra en los derechos LGBTQ más antigua y grande de Estados Unidos. Su misión es lograr el reconocimiento total de los derechos civiles de las personas LGBTQ y quienes viven con VIH, mediante litigio estratégico, educación y creación de políticas públicas.

National Gay and Lesbian Task Force (Fuerza Nacional Especial para Gays y Lesbianas)

202 393 5177

www.thetaskforce.org

Una de las organizaciones líderes de incidencia política en Estados Unidos cuyo fin es fomentar los derechos legales de la comunidad LGBTQ, mediante la capacitación de activistas, la investigación y el análisis de políticas y la actualización del público en temas legales.

HISTORIA Y GEOGRAFÍA LGBTQ

....

Libros sobre Estados Unidos

Making Gay History: The Half- Century Fight for Lesbian and Gay Equal Rights, de Eric Marcus. Harper Perennial, 2002.
Este libro documenta el movimiento de los derechos civiles gays en el curso de los últimos cincuenta años; incluye testimonios de una variedad de voces, desde personas comunes y corrientes hasta Ellen DeGeneres.

Out in the Country: Youth, Media, and Queer Visibility in Rural America, de Mary L. Gray. NYU Press, 2009.
Estudio de la vida queer en el contexto rural, a partir de la narrativa personal y la escritura expositiva de la autora.

Queer America: A People's GLBT History of the United States, de Vicki L. Eaklor. New Press, 2011.
Estudio de los temas y derechos LGBTQ del siglo XX, a través del lente de las personas LGBTQ.

Perspectivas globales

Love's Rite: Same-Sex Marriage in India and the West, de Ruth Vanita. Palgrave Macmillan, 2005.
Examina la presencia del matrimonio gay en los cimientos hindúes de la cultura india y la sutil evolución de la opinión en torno a la homosexualidad en India, dentro del contexto del debate global sobre el matrimonio entre personas del mismo sexo.

....

Tommy Boys, Lesbian Men, and Ancestral Wives: Female Same-Sex Practices in Africa, de Ruth Morgan y Saskia Wieringa. Jacana Media, 2006.
Se centra en la prevalencia de las mujeres africanas homosexuales, pese a que la homosexualidad es tabú para la mayoría de las culturas africanas.

Unspeakable Love: Gay and Lesbian Life in the Middle East, de Brian Whitaker. University of California Press, 2006.
Mirada comparativa del progreso y las luchas de la vida LGBTQ en el mundo árabe y la vida LGBTQ en Occidente.

Películas

After Stonewall, director: John Scagliotti. First Run Features, 1999.
Documental sobre el movimiento en pro de los derechos LGBTQ desde los disturbios de Stonewall en 1969 hasta comienzos del siglo XXI.

Before Stonewall, director: John Scagliotti. First Run Features, 1986.
Documental sobre el movimiento en pro de los derechos LGBTQ antes de los disturbios de Stonewall.

Call Me Kuchu, directora: Malika Zouhali-Worrall y Katherine Fairfax Wright. Cinedigm Entertainment Group, 2012.
Documental que explora las adversidades que enfrenta la comunidad LGBTQ en Uganda.

Out of the Past: The Struggle for Gay and Lesbian Rights in America,
director y productor: Jeff Dupre, guion: Michelle Ferrari. Arlington,
VA: PBS, 1998.
Documental que explora los movimientos políticos y sociales LGBTQ *en
Estados Unidos en los últimos cuatrocientos años.*

SALUD MENTAL

LGBT National Help Center (Centro de Ayuda Nacional para Personas LGBT)
Línea nacional: 888-843-4564
Línea para jóvenes: 800-246-7743
www.glnh.org
Línea de ayuda y chat en línea para personas LGBTQ, con una línea especial para jóvenes. Cualquiera puede llamar, incluso si no está en crisis.

National Suicide Prevention Lifeline (Línea Nacional de Prevención del Suicidio)
800-273-8255
www.suicidepreventionlifeline.org
Teléfono y chat en línea para quienes están en crisis, así como otros recursos para la salud mental.

Administración de Salud Mental y Abuso de Sustancias (SAMHSA, por sus siglas en inglés)
Departamento de Salud y Servicios Humanos de los Estados Unidos
877-726-4727
www.samhsa.gov
Agencia dentro del Departamento de Salud de Estados Unidos que ofrece una serie de recursos y centros con enfoque en el suicidio, el acoso, el abuso de sustancias y la indigencia, así como servicios específicos para personas LGBTQ.

The Trevor Project
Línea de ayuda: 866-488-7386
www.thetrevorproject.org
Organización nacional pionera en la intervención de crisis para los jóvenes LGBTQ. *Sus servicios incluyen una línea de ayuda para prevenir el suicidio, chats en línea, servicio de mensajes de texto y un servicio de red de contactos sociales para los jóvenes* LGBTQ.

RELIGIÓN

....

Gay Christian Network
919-786-0000
www.gaychristian.net
Brinda una serie de recursos, desde libros, documentales hasta un mu-
sical sobre la homosexualidad y el cristianismo. El sitio también ofrece
foros de debate en línea y otras formas de apoyo.

Páginas web

Christian Gays
christiangays.com
Artículos, salas de chat y recursos sobre ser gay y cristiano.

LGBT Faith Tumblr
lgbtfaith.tumblr.com
Textos sobre la intersección de la orientación sexual y la fe. También
ofrece otros recursos.

OrthoGays
orthogays.com
Información y recursos para gays y lesbianas judíos ortodoxos.

The Safra Project
safraproject.org
Proyecto que aborda temas relacionados con las mujeres lesbianas, bi-
sexuales y transgénero que se identifican como musulmanas, ya sea en el
aspecto religioso o cultural, o ambos.

Libros

Homosexuality in Islam: Critical Reflection on Gay, Lesbian, and Transgender Muslims, de Scott Siraj al-Haqq Kugle. Oneworld Publications, 2010.
Examina la homosexualidad en el Corán con el objetivo de reconciliar la homosexualidad con el islam.

Unfair: Christians and the LGBT Question, de John Shore. CreateSpace Independent Publishing Forum, 2013.
Una mezcla entre ensayos personales escritos por cristianos que se identifican como LGBT y ensayos de Shore sobre la importancia de reconciliar la homosexualidad con el cristianismo.

What the Bible Really Says about Homosexuality, de Daniel Helminiak. Alamo Square Press, 2000.
Académicos analizan la Biblia, sobre todo los pasajes que se utilizan para condenar la homosexualidad, con el fin de demostrar que, contrario a lo que se cree, la homosexualidad y el cristianismo no están en desacuerdo.

Películas

For the Bible Tells Me So, de Daniel Karslake. First Run Features, 2007.
Este documental sigue a cinco familias religiosas cuando sus hijos salen del clóset y deben aprender a reconciliar la homosexualidad con el cristianismo. Tienen una guía de estudio en línea.

A Jihad for Love, guion y dirección: Parvez Sharma. First Run Features, 2008.
Documental que examina el islam y la homosexualidad, con entrevistas a personas de todo el mundo.

Through My Eyes, dirección: Justin Lee. Gay Christian Network, 2009.
Documental que presenta a jóvenes cristianos que comparten sus dificultades al aceptar su homosexualidad y reconciliarla con su fe.

Trembling Before G-d, de Sandi Simcha Dubowski. New Yorker Films, 2001.
Documental que sigue a gays y lesbianas judíos ortodoxos en su proceso para aceptar su sexualidad y su fe.

Templos LGBTQ-friendly

GLBT Near Me
www.glbtnearme.org
Este buscador genérico para espacios LGBTQ-friendly es para todo tipo de comercios, tiene un filtro especial para templos.

Institute for Welcoming Resources
612-821-4397
www.welcomingresources.org
www.welcomingresources.org/directory.htm
Incluye tanto un buscador para templos LGBTQ-friendly como recursos en línea para temas de fe y LGBTQ.

SEXO

....

Advocates for Youth

202-419-3420

www.advocatesforyouth.org

Estos servicios incluyen recursos en línea e impresos, análisis y creación de políticas públicas e iniciativas comunitarias en todo el país.

Health Initiatives for Youth

415-274-1970

www.hify.org

Organización multicultural cuya misión es mejorar la salud y el bienestar de jóvenes desatendidos, a través del liderazgo de las juventudes, educación e incidencia política en busca de un cambio social multinivel.

Planned Parenthood

Servicios de salud: 800-230-7526

Información: 212-541-7800

www.plannedparenthood.org

Organización líder que brinda educación sexual y servicios de salud sexual.

Páginas web

Go Ask Alice

goaskalice.columbia.edu

Este blog de la Universidad de Columbia ofrece preguntas y respuestas diarias sobre salud y sexualidad.

....

Scarleteen

www.scarleteen.com

Reúne artículos informativos dirigidos a adolescentes sobre temas como sexualidad saludable, anatomía, relaciones, política sexual.

Libros

S.E.X.: The All-You-Need-To-Know Progressive Sexuality Guide to Get You Through High School and College, de Heather Corinna. Da Capo Press, 2007.

Abarca un amplio espectro de temas sobre la sexualidad, la anatomía, las ITS, la misoginia, decidir vivir con tu pareja, entre otros. La escritura es LGBTQ incluyente.

Agradecimientos

Queríamos proponerle a nuestro editor que nos diera catorce páginas para agradecer como se debe a los siguientes individuos, pero
después nos recordamos encarecidamente que no somos (esta vez)
el centro del universo. Con eso en mente, queremos agradecer muchísimo a las siguientes personas, sin quienes este libro sencillamente
no existiría: la doctora Linda Stone Fish, la doctora Justine Shuey, la
doctora Sherri Palmer, Alyse Knorr, Tom Montgomery, Erika Lynn,
Keanan, Zak, Tyler, Robert, Marianne, PFLAG Charleston, Anna Livia y a
todos nuestros maravillosos becarios. También queremos agradecer
a John, Laurel, Christian, Tonia, LT, Jen, Allison, Kristine, Sandy, Sloan, a
toda la familia Faccone, Steven, Sammy y a Justin Bieber

A todos los padres y las mamás, a los adolescentes y a los vein-
teañeros que se sentaron con nosotras para compartirnos sus historias y retroalimentación: son la razón por la que hacemos esto y al
mismo tiempo la razón por la que podemos hacerlo.

Gracias a Lisa, por su virtud para las palabras, sus comas en los
lugares perfectos, su persistencia y su visión.

Y por último, a JL, el agente literario más brillante y trabajador
en el planeta: eres nuestro todo.

Kristin agradece a:
A mi mamá, que se esmeró incansablemente por regresar a sí misma, su fe y su hija: te amo. A mi papá, que con su complexión de 1.73

metros y 63 kilos encontró la fuerza para pelear contra el mundo en mi nombre; a mi hermana, que siempre me entiende; a mi tía Theresa, que nunca ha dejado de decir lo que piensa, escuchar a los demás con la mente abierta y amar con pasión y sin titubear; a Randi, mi constante; a Trey, porque siempre puedo confiar que llevará alguna prenda de piel; a Jenny, que me salva de mí misma y el mundo todos los días; y a Dan, quien me entiende como nadie y trabaja conmigo todos los días, quien llegó a este mundo para ser mi pareja en el viaje más ridículo y profundo de nuestras vidas. No podemos detenernos.

Dan agradece a:

Me gustaría agradecer con mucho cariño a las personas en mi vida que me han inspirado, desafiado, creído en mí y animado a esmerarme más de lo que había creído posible. A mis amigos y familia: no me alcanzan las palabras para agradecerles por todo; a mi papá, por él me convertí en una persona de quien me siento muy orgullosa y por haberme enseñado todo lo que sé; a Janet, mi hermana de otro papá que además es un gato; a Amanda, Hillary, Zettler y Brynn, por mantenerme a raya; y a Kristin, compañera accidental de vida y colega aventurera, quien me ayuda a mantener mi salud mental, me entiende como nadie lo hará y sin quien no podría imaginar mi vida. Nunca nos detendremos.

Índice temático

Esta obra se imprimió y encuadernó
en el mes de enero de 2023,
en los talleres de Impregráfica Digital, S.A. de C.V.,
Av. Coyoacán 100–D, Col. Del Valle Norte,
C.P. 03103, Benito Juárez, Ciudad de México.